献给2000万粉丝的思维盛宴

周导说盈利
新三十六计

古有三十六计征沙场

今有三十六计增盈利

哈尔滨工业大学出版社

周导说

为什么大家觉得生意越来越难做？今天各行各业的钱到底在哪里？如何找到比原来更赚钱的路径？

赚钱是一门技术，老板是一个岗位。

但是这么重要的技术、这么重要的岗位，竟然没有一套完整的学说把它讲清楚。

从小我们读书，物理、化学、地理、政治、语文、数学和英语……我们什么都学了，但是唯独我们一生当中非常重要的一件事情——如何赚钱没有学。首先要明白什么是赚钱。过去我们认为利润是钱，今天，在三十六计中告诉你，现金才是钱。

过去：销售、努力很重要。

今天：资源、服务更重要。

所以我专门整理了盈利新三十六计，36 个核心一次性讲清赚钱这件事。

这是所有老板必修的一堂课。

前　言

随着科学技术（包括人工智能、大数据等）的高速发展，互联网环境也发生着剧烈变化，如34万亿"新基建"推进发展，5G应用落地，万物皆可播，全民微商化，企业云端化业务加速推进，ATBB公司大肆扩张，版图生变，生态重构……新趋势、新机遇、新挑战层出不穷。

当下时代的特点——科技复利正在重塑时代：世界变化非常快，互联网发展已经从消费互联网迈进了产业互联网，从人与人的连接时代走向了一个万物互联、数字化的时代，从PC到移动，从线上到线下，从纯互联网到传统行业的融合性发展和变革，以及消费习惯需求的重构。电商、团购、O2O、共享经济、互联网金融、移动直播、信息流、短视频、知识付费等几大行业如雨后春笋般快速崛起，并且竞争越演越烈。线下门店门可罗雀，线上流量竞争白热化，面临着实体经济和互联网经济流量逐渐枯竭的境况，企业应该如何应对，通过哪种战术方法能重新将流量吸到自己的池塘中？

《周导说盈利新三十六计》从产品、渠道、流量、股权、老板定位、用户等层面，更深层次地剖析盈利战术和赚钱利器。全书分为三十六章，包括赚钱计、资源计、服务计、渠道计、逆向计、会跟计、干股计、定位计、入口计、借道计、平台计、扣点计、跨行计、组合计、专业计、生态计、分享计、用户计、传媒计、明星计、会员计、积分计、晋级计、代理计、创客计、股份计、钢粉计、回本计、爆款计、频次计、微商计、预收计、众筹计、联盟计、圈子计、分拆计，帮助老板重塑产品、整理渠道、分析资源、获取流量、活用股权、找准自身定位、提升用户体验感和忠诚度，实现盈利的目的。

面对危机，对于企业而言，最重要的是具备应对这种危机的思维、战略和策略。在思维和战略层面，周导的《重构——新商业模式》已经给出全面具体的阐述；那么在策略层面，本书《周导说盈利新三十六计》将给出解答。

全书以周导十多年理论和丰富案例的沉淀，为企业带来全新的盈利策略，让企业家在消费市场的变革中具备前瞻洞察力、创新应变力、落地执行力，与时俱进，顺势而为，比敏捷更敏捷，在考验中成长，化危为机，得到市场巨大的奖赏！

第一计 赚钱计 /1
利润不再是企业的核心,现金流才是企业的命根子

第二计 资源计 /15
赚钱 = 资源 + 经营

第三计 服务计 /25
一切以成就别人、服务别人为目标

第四计 渠道计 /37
离钱最近的不是产品,而是渠道

第五计 逆向计 /45
昨天是核心竞争力,今天就是核心阻力

第六计 会跟计 /55
不仅自己会赚钱,还能教会别人赚钱

第七计 干股计 /63
巧妙利用干股,构建利益共同体

第八计 定位计 /73
董事长的职责就是持续不断地为企业找到更多盈利点

第九计 入口计 /81
入口大战、获取流量比赛是时代的主旋律

第十计 借道计 /91
帮助拥有用户的人价值最大化，才是获得用户的超级入口；

第十一计 平台计 /99
把公司改成员工的创业平台、行业的销售平台

第十二计 扣点计 /107
把自己的营收建立在别人的成本之上而不是自己的收入之上

第十三计 跨行计 /113
以用户为中心，各行各业都能盈利

第十四计 组合计 /119
产品组合要学会混合化

第十五计 专业计 /125
老板在某一领域拥有专业性，是企业核心竞争力的原点

第十六计 生态计 /133
从赚钱一生一次到赚钱一生一世

第十七计 分享计 /143
让顾客分享传播转介绍

第十八计 用户计 /153
把会员升级为用户

第十九计 传媒计 /161
目光在哪里聚焦，财富就在哪里产生

第二十计 明星计 /169
老板要成为企业的代言人

第二十一计 会员计 /177
得会员者得天下

第二十二计 积分计 /185
积分的意义在于发行企业内部的货币

第二十三计 晋级计 /191
要给顾客设计晋级游戏

第二十四计 代理计 /197
让顾客成为代理，重复消费免费

第二十五计 创客计 /203
把公司每个盈利项目拆开变成独立事业部

第二十六计 股份计 /209
世上无难事，只要股份制

第二十七计 钢粉计 /217
100个"萝卜粉"不如一个"钢粉"

第二十八计 回本计 /223
让你的客户主动帮你分享

第二十九计 爆款计 /229
用一个爆款打造赚钱的流量入口

第三十计 频次计 /237
给粉丝让利优惠，持续不断发生关系

第三十一计 微商计 /243
微商将会成为各行各业的底层架构

第三十二计 预收计 /251
不仅能提前回本，还能留住客户

第三十三计 众筹计 /259
众筹是今天做企业的标配

第三十四计 联盟计 /267
联盟是跨行的双赢合作

第三十五计 圈子计 /275
线上圈子和线下门店结合，形成盈利闭环

第三十六计 分拆计 /283
分拆是企业做大的不二法门

没有现金流就不叫赚钱

第一计　赚钱计

周导说 一

没有现金流就不叫赚钱,利润思维是企业倒闭的源头。现金是干出来的,利润是想出来的。

在某一年的股东大会上,巴菲特抱着尤克里里唱了一首歌,结尾唱了三遍"现金流"。另一年股东大会上,他又表示:"现金是氧气,99%的时间你不会注意它,直到它缺席。"美国著名战略管理专家W. H. 纽曼(W. H. Newman)则指出:"在制定关于资本运用和来源战略时,最需要关注的是现金流动。"

与净利润相比,现金流更能真实反映公司的赚钱能力、抗风险能力以及盈利模式。一些公司利润很高,但是账上的钱或现金很少,实际上是负债的。

这种现象在报表里反映为利润表中的公司实现利润数为正值,而现金流量表中的经营活动产生的现金流数据为负值。但是往往很多公司最注重的是利润,而忽视了现金流的重要性。

神奇百货定位于国内首家专注于95后的青少年个性化电商平台,根据兴趣标签和推荐算法为年轻用户提供高品质高格调商品。选品主打95后喜欢的零食、饰品、书包文具、二次元周边等商品。神奇百货表示：A轮融资后开始盲目扩张,大幅增员,盲目制定战略,在毫无供应链经验的时候,涉足供应链,而没有充分考虑现金流的沉淀,最后无法承受成本和补贴的巨大旋涡,最后因资金链断裂而不得不停止售货。

在一部反映国内中小企业创业的影片中,很多创业者都提到之前创业失败的原因：

没有现金流了,不得不宣布倒闭。

在市场和消费者的发展与演变过程中，钱究竟是如何赚到的？为什么利润很高却没有钱呢？赚钱的逻辑又是什么呢？

大部分人的答案是否是这样：

①先选择一个行业：服装、餐饮、娱乐、教育、培训、建筑、旅游等。

②再在该行业中选择某一类产品进行生产或者代理销售：女装、水饺、亲子课程、开发楼盘或者民宿等。

③为所选的产品投入资金：研发生产，开公司或者开店，进行销售并产生收入。

这就是大部分传统企业或者公司所必须做的两件事：选产品、投资。

1. 赚钱的逻辑

传统的赚钱逻辑

企业首先要清楚什么是赚钱，怎样才能赚钱，赚钱的逻辑是什么。暴利期赚钱的核心逻辑是利润最大化，因为在这个时期有两个特征：竞争同行很少，顾客对产品不太懂但购买意愿比较大。暴利期的赚钱逻辑是选择产品—确定投资—增加收入—降低成本—获得产品利润—实现赚钱。在暴利期，产品稀缺，投资少，收入增加容易，成本好控制，所以利润高；利润可以覆盖固定投资，能够实现赚钱。

但是，人们的消费场景、消费需求随着科学技术的快速迭代发生了改变。例如，以前经常去商场选购商品，今天大多数人选择了电商；以前需要开伙或者去外面小店解决就餐，今天只要在移动端下单就有美食送到自家门口……

在同行业内，竞争对手增多，产品种类不仅多样化而且爆品层出；消费者对体验感、产品设计、性价比等都提出了严苛的要求。

行业周期逐渐从暴利期走向微利期甚至无利期。当行业周期进入微利期时，赚钱不等于利润，赚钱的核心逻辑应当是现金最大化。

假设选择开一家实体店，投资50万元，在营业额高、成本很低的条件下，一年可以盈利100万~200万元。

但在今天的微利时代，投资增长到500万元，一年的促销活动、营销手段很多，但是到年底盈利只有50万~100万元。

微利期的最明显特征是各行各业供应量严重过剩，投资相对来说会比较大，导致利润无法覆盖固定投资，企业就会陷入一直缺钱的境地。而企业倒闭往往不是因为没有利润。

大部分的企业没有倒闭是因为现金流正常。

2. 现金流是企业的血液

现金流是指企业某一期间内的现金流入和流出。例如，销售商品、提供劳务、出售固定资产、收回投资、借入资金等，形成企业的现金流入；购买商品、接受劳务、购建固定资产、现金投资、偿还债务等，形成企业的现金流出。

企业一般有资产负债表、利润表、现金流量表三张报表。

资产负债表：
代表一个公司的资产和负债与股东权益。

利润表：
代表一个公司的利润来源。

现金流量表：
代表一个公司的现金流量，更代表资产负债表的变化，是对资产负债表变化的解释。

三张表都很重要,从不同角度展现企业的健康程度:资产负债表看企业有多大体格,是不是虚胖;利润表看企业能给股东赚多少钱;现金流量表看企业能产生多大资金流量。

可以说,现金流是企业的血液,现金流量表全面反映企业造血能力,能衡量企业经营状况是否良好、是否有足够的现金偿还债务及资产变现能力等。

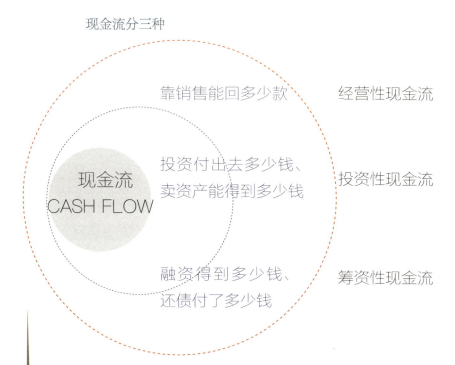

三者最终合为一体，得到三种可能：总资金净流入（说明还能有钱花）、净流出（持续流出就没钱花了）、0（流入等于流出，这种可能性很小）。稳定的正现金净流量是持续经营、稳定发展的保证，也是存款、结余增加的必要条件。

现金只有流动起来，才能产生利益，

才会推动公司的发展；如果一个公司没有充足的现金，便无法正常运转，这种局面如果一直得不到改善，就如同一个人持续失血，必然危及公司生存。但是，现实中，人们的行为正好相反：**重盈利，轻现金；重当期，轻长期。**

现金流是企业一年下来赚的"真"钱。而利润表上的净利润是可以修饰的，或者很多没有回款，比如长期赊销。这种情况虽然有利润，但没有现金流。从这个对比来看，自由现金流要比净利润更能可靠地衡量企业赚"真"钱的能力。好的企业，自由现金流通常大于净利润。但是，不见得总是这样。优秀企业有时会扩大生产规模，从而导致一些年份的资本支出变大，自由现金流变差，但这种变化是为了未来产生更多的经营收益。

经营活动现金流为负的原因,有可能是本期向供应商大量预付款项,预付账款余额增大。比如,上游供应商对产业链控制力度加大,本公司议价能力减弱;上游原料整体供应量减缩;主要供应商发生重大变化;等等。

有两家创业公司需要融资:

| A 公司年利润为 1 000 万元,现金流接近 0 元,A 公司年赚 1 000 万元,不见得拿得出钱。 | B 公司年利润为 100 万元,现金流却是 3 000 万元,B 公司看似没赚到钱,账上现金流却很充足。 |

对于投资公司来说,选择 B 公司的可能性会更大!

通过上述案例可以看到,一个企业一年赚 1 000 万元利润,未必良性地可持续性发展;但是有的企业看似没赚到"钱",却还是可以正常地生存下去。在当今,有些商业模式可以暂时性地不盈利,但是一定要清楚什么时候可以盈利,不然就会造成持续的"失血"现象。如互联网公司,在用户使用公司网站、APP 和软件的时候是免费的,这是为了聚集超大的用户流量,然后在广告收入上可以按照点击量等进行收费。

利润只是纸上富贵，现金流才是真金白银

决定企业能否度过危机的是现金流和成本管理，而决定企业能否迎来春天的是企业是否有价值。有价值的企业，不只是对环境做出即时性跟随，而是能提前锁定客户的需求。

相比沃尔玛 10 万多种品类的进货量，Costco 优选到 4 000 种。"你家里的消费品，如果在 Costco 没有看到，说明已经过时了。"Costco 通过大数据追踪消费者偏好，为之提供少而精的产品和服务，提前锁定了 9 000 万元会员费，而顾客续约率高达 90%。加之 C 端生意不存在应收账款，存货周转天数只有 30 天（远低于沃尔玛、亚马逊、京东等一众线上零售巨头），所以尽管只有 11% 的毛利率，Costco 在 2019 年还是创造了 37 亿元的现金流。

利润反映历史，股价反映未来，企业必须保证经营活动有源源不断的自由现金流，才可以自由地打造生态和未来。

周导说盈利新三十六计之赚钱计

赚钱计的核心逻辑： 只有冲着现金流去的生意才能赚钱。比利润更重要的是现金流，要从利润导向型思维转变为现金流导向型思维。公司经营的好坏不能仅仅看损益表（利润表）。国外很多大型公司都是在公司盈利的阶段突然崩溃的，原因就是公司经营"失血严重"，流动资金匮乏，导致资金链断裂后阵亡。很可惜的是，这些公司不是被竞争对手击败的！生意少做一点，公司发展会缓慢，但不会涉及存亡；但是如果资金都被流通环节占用，不能在财务安全期内让资金流动起来，公司就岌岌可危！

三十六计第一思

公司的现金流在哪里？

该采取哪些措施形成现金流？

企业要赚钱就要拥有资源

第二计 资源计

周导说

赚钱来自资本、人才、好项目、好策略等各种优质资源的聚集,资源聚集是赚钱的前提。资源聚集的秘诀:再小的公司都要有两个人,一个人负责资源整合,一个人负责经营利润。

―

1. 解析资源

企业经营,就是要协调有限资源和不断增长的需求之间的矛盾。那么资源包含哪些呢?我们看到的万事万物都是资源。资源是指一国或一定地区内拥有的物力、财力、人力等各种物质要素的总称,包括自然资源和社会资源。

赚钱公式：

资源 + 经营 = 赚钱

对于企业来说,好产品和爆品、良好的品牌、丰富多样的渠道、庞大的用户数、优秀的人才、稳定的投资合伙人、强大的现金流、良好的社会人脉关系、良好的模式等,皆可称之为资源。

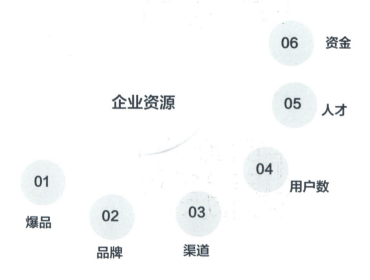

美妆行业的竞争是非常激烈的。

从实体门店名创优品、屈臣氏等，到互联网平台聚美优品、小红书等，再到今天直播带货的优秀创业者如口红一哥李佳琦、人气大王薇娅等。这些企业和创业者能够成功是因为具备某些方面的资源，如流量资源、平台资源、资金资源、产品资源等。

在实体门店中需要经验丰富的导购和店长负责店铺的经营和管理——人才资源；

在互联网平台需要庞大的用户数和用户体验感超好的服务——服务资源和用户资源；

在流量聚集的平台，需要超值的、让用户尖叫的爆品才能赢得良好的口碑和用户的信任——产品资源。

2. 资源聚集的秘诀：董事长的定位

周导经过多年对企业的观察和分析发现，大部分成功企业的发展历程是从利润导向型转为现金流导向型，接着向资源聚集型发展，企业持续不断地做大、做强。

这对于企业来说就提出了一个要求，企业必备两种角色，一是董事长，二是总经理。哪怕企业只有两人，也一定要分清角色，总经理主要负责内部的经营管理，继续追求利润最大化；董事长主要负责外部资源的整合，追求的是现金流最大化。

董事长的角色就是资源整合。在企业中，整合资源的能力是衡量董事长能力的主要指标。董事长整合资源能力强，更容易吸引到人才、资本、技术等，事业发展就会更加顺利；反之，则会举步维艰，所以老板应更注重资源整合能力的提升。

优秀的董事长如何用资源计实现资源的整合和积累？例如，在投融资方面，公司在运营的过程中需要1 000万元的融资，传统的老板会把自己拥有的1 000万元投入公司，拥有100%的股权，但是资源仍然是自己的资源。

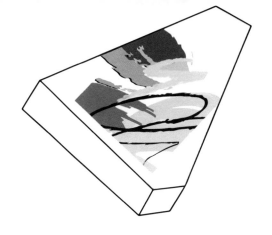

如果董事长用资源计去投融资,即董事长把自己的 1 000 万元现金拆分成 100 份,每份 10 万元,分别投放到 100 个外部项目中;公司需要融资 1 000 万元,同样拆分成 100 份,吸引外部的 100 份融资进公司。此时,公司已经与 200 个公司、200 个团队、200 种模式、200 个项目发生了关系。通过这样的方式,企业就拥有了更多的资源。

说到资源整合,永远绕不过去的公司就是华为,它最重要的是对人才资源的整合。通过企业内部全员持股,让员工捆绑在企业发展的战车上。根据华为创始人任正非的文章,最初华为的员工持股制度,就是他与自己的父亲讨论时,从晋商的身股制度得到的启发而制定的。充分利用人才资源的整合带来的效能,华为立下了榜样。

华为通过内部融资持股解决了企业资金发展的瓶颈问题,所有企业员工形成利益共同体,团队形成命运共同体,一荣俱荣,一损俱损,组织进化已经达到了最高境界——生命共同体高度。华为是把内部人才资源整合做到极致的公司。

牛根生在离开伊利之后，并没有一蹶不振，他用了8年时间使蒙牛成为全球液态奶冠军、中国乳业总冠军，蒙牛集团也被全世界视作中国企业顽强崛起的标杆。蒙牛的产业链上游是千万股民、数亿消费者，下游是百万奶农、产品运输企业等，被称为"中国最大的造饭碗企业"。蒙牛初创时，没有市场、没有工厂、没有奶源，什么都没有，但牛根生依旧成功了，他是怎么做到的？创建蒙牛的时候，牛根生把他当初在伊利学到的管理制度及竞争意识都复制到蒙牛身上。面对伊利的强势竞争，牛根生一开始就提出"向伊利学习"的口号，从而获得发展空间，快速建立自己的产业链。蒙牛将工厂、政府农村扶贫工程、农村信用社资金等资源整合在一起，企业没有运输车，就整合个体户买车；员工没有宿舍，就将政府、银行、员工这三个资源整合在一起建宿舍。农民用贷款买牛，蒙牛用自己的品牌为农民产出的牛奶做包销保证。就这样，整个北方地区300万个农民都在为蒙牛养牛。

创造资源可能需要几年、几十年，甚至需要几代人的积累与摸索，而通过整合资源，创业者就能在最短的时间内整合几十个甚至几百个资源，为企业的发展带来更大的机遇。因此，对白手起家的创业者而言，通过整合资源来补充自己所缺少的能力与智慧，无疑是实现企业发展目标的重要手段。

周导说盈利新三十六计之资源计

资源计，实质指的是老板对自我定位要准确，作为老板第一重要的是把时间和精力聚焦到资源上，而不是把过多的精力放在内部管理中。**老板尤其要整合四种资源：自然资源、社会资源、客户资源和行业内的存量资源。**资源运作是资源整合的基础，只有有效进行资源运作，才能快速搭建一条完美的产业价值链，塑造自己独特的经营模式。

荀子《劝学》篇提道："君子性非异也，善假于物也。"只有充分利用周围已有资源，才能达到利益最大化。

三十六计第二思
请进行资源梳理。

君子性非异也，善假于物也。

以产品为中心到以人为中心

第三计 服务计

周导说

一切以成就别人、服务别人为目标,先成人后达己,坚决放弃本位主义。过去赚钱靠销售产品,现在赚钱靠用心服务客户!员工创客化、顾客合伙化、公司平台化。

——

1. 从工业时代迈向服务时代

在当下的市场环境中,无论是传统产业还是互联网产业,都面临着流量枯竭、用户量不足的困境,企业、公司和商家试图通过提升服务附加值等形式来挽留用户。但这里的服务不仅是态度好,体验好,服务周到、细致,服务计中所讲的服务在第三大产业服务业的背景下,是一个比较广泛的概念。

当下的服务业可以分为三个领域：一是国家级服务，二是企业级服务，三是个人级服务。

国家级服务即为国家税收、安全、建设等领域服务。

企业级服务指的是为一个用户从日常起居、工作学习、旅行购物再到娱乐文化等各方各面提供生态化服务。 目前，众多企业都在朝着生态化服务的方向建设和发展，比如阿里巴巴、小米、腾讯等。

阿里巴巴的成功，事实上就是抓住了服务业的红利期。马云在提出"让天下没有难做的生意"时，其宗旨就是要帮助别人更好地了解和做好电子商务这份事业。在电子商务刚刚兴起的时期，在传统行业中遇到发展瓶颈的企业，大部分都想进入电子商务领域，寻求企业发展的新机遇。但是在电子商务初期，很少有人了解何为电子商务，更不要说如何去运营好电子商务了。

培训—开设店铺—平台流量—交易支付—物流运输，阿里巴巴所做的就是生态化服务，其初衷就是帮助所有传统实体更有效地做好电子商务，同时服务了用户的各方各面。

让天下没有难做的生意

"菜鸟"物流服务

之前在物流环节因没有一个统一的系统进行管理，用户从下单到收货需要 7～10 天，为了缩短用户和卖家的时间成本，"菜鸟"诞生了。

"支付宝"金融服务

新的购物方式——电子商务的发展越来越迅速，随着用户购买需求的增加，用户数成倍增长。但当时，交易过程中的支付环节还是比较烦琐的——需要到银行柜台或者 ATM 机进行转账实现交易。不仅交易时间长、过程烦琐，而且存在着交易的风险隐患。为帮助用户实现快速、便捷、安全的现金交易，支付宝平台诞生了。

"淘宝网"平台服务

在学会电子商务的经营和管理之后，从事电子商务的老板面临了第二个难题，就是缺乏用户和流量，接着马云又搭建了一个可以展示产品、让大量用户可以同时在线使用的平台——淘宝网。

"淘宝大学"课程服务

马云了解企业家和公司老板的困境，先设立了一个淘宝大学，目的就是教会大家如何做以及如何做好电子商务。

企业要做新零售时代的整体基础设施服务商，这就是新时代的服务。

阿里巴巴已经不仅仅是一个公司，它已经成为一个经济体。

目的就是如何能够在这个经济体当中做好商业的基础设施建设，从而帮助人们更好地做好电子商务。在未来，没有纯粹的电子商务，也没有纯粹的线下实体，将会是电子商务和线下实体两者的结合。

企业不仅服务线上的电子商务，还要服务线下的传统实体，即要做新零售时代的整体基础设施服务商，这就是新时代的服务。

个人级服务指的是从服务一个人到服务一群人，让他们的生活变得更美好，从卖单一的产品到把解决用户痛点的方案卖给用户。

作为保险代理人,在销售保险过程中,会发现其他公司的保险产品更好,但为了完成自己的销售指标,有一些保险代理人不得不把自己家的保险说得天花乱坠。可客户的利益需求肯定是用更少的钱,买到更好的保险产品。这时,有些保险从业者就做出了一个伟大的改变:从"产品经理"变为"客户代言人",从站在保险公司一方变为站在客户一方,从分享保险公司的产品差价,变为赚取客户的服务佣金。

旅行网站,自己没有飞机,没有酒店,它们代表用户,要求航空公司、酒店下狠心压缩成本,使网站的用户能拥有更美好的旅行体验。

盒马鲜生,自己不养帝王蟹、不种菜,它们代表用户,向供应商争取最低的商品价格、最新鲜的食材,让盒马鲜生的用户获得最新鲜、低价的购物体验。

有很多企业学习 Costco 的会员制,也收取会员费。那 Costco 会员费的本质是什么?Costco 会员费的本质是客户付给 Costco 的代购费:你收了我的代购费,就用心帮我去"买"最优质、最低价的商品。做得好,来年我还续费。

2. 以人为中心，提供解决方案

在以产品为中心的时代，最热门的、最重要的一种技能叫作销售技能。企业每天绞尽脑汁地研究把产品销售出去，创造了"把梳子卖给和尚、卫生巾卖给男人"的销售奇迹。这是销售导向型的时代，使不可能成为可能。

但是在今天，已经从以产品为中心转向以人为中心。过去的同行称之为"物以类聚"，今天的服务是"人以群分"，即服务好一群人，能够根据客户不同时间的不同需求提供不同的解决方案，让他们的生活更美好。

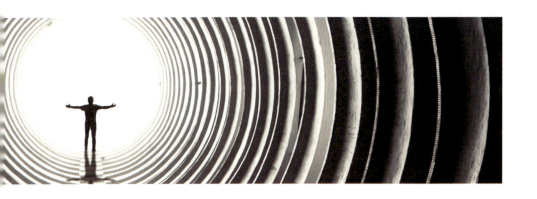

比如为女性提供个人形象提升解决方案，从美容护肤、美发搭配设计到美丽心灵课堂；为中老年人提供健康生活方式，从养生知识、健康饮食再到养老之家服务……提供给客户的不再是单一的产品，而是让客户的生活变美丽、变健康的解决方案，也就是以人为中心的服务。在为客户提供不同服务的过程中，植入一些单一的产品进行销售，就已经是水到渠成的事情了。

今日的商机之一就是从过去的管理、销售转向服务。服务的对象主要包括两群人：一是服务消费者，帮助消费者使其生活变得更美好；二是服务商家，提供一套整体解决方案，帮助商家使其生意变得更好做。

周导说盈利新三十六计之服务计

服务计，就是如何能够具备**"帮助消费者使其生活变得更美好，帮助商家使其生意变得更好做"**的能力，这是在今天最大的赚钱机会。

一切以成就他人、服务他人为目标，先成人后达己。随着"互联网+"的深入发展，商业竞争和服务从血淋淋的冷漠状态，慢慢变成了爱的回归，而且越来越温情。如果今天你还是一上来满脑子就想着自己怎么挣钱，反而挣不到钱。在互联网信息透明的情况下，真诚服务、成就他人的人才容易挣钱，这就是服务计。

三十六计第三思

如何帮助用户实现"美好生活"？

设计一套帮扶渠道的解决方案。

35

离钱最近的地方是渠道

第四计 渠道计

在当下，离钱最近的不是产品，而是渠道。

企业的竞争力包括品牌、产品、技术、人才、资源和渠道等。在产品稀缺的时代，也就是行业暴利期，产品为王，产品是企业的核心竞争力。产品为核心，实现盈利的方式叫作时间差，只要掌握了时间差，产品都能实现盈利。

比如在培训行业中，"逆向盈利"的课程讲得非常好，深受市场欢迎，未来几年，课程可以打磨得更精彩。但随着时间的推移，腾讯视频、优酷视频、小米电视课堂、机场候机厅大屏等平台都在播放周导的课程，再加上每月3 000人线下上课、课程作为图书出版等，课程通过不同平台的广泛传播，将会被普及，课程的竞争力就越来越弱了。

相较于产品,企业赚钱的核心还包括品牌、技术、人才、资源等,但这些都是标配。

随着同行业竞争对手的不断涌入,产品种类越来越丰富,消费者的需求也越来越高,行业逐渐进入了微利期甚至是无利期。

在产品严重过剩的今天,渠道变得非常重要,成为企业的核心竞争力。

现代"营销学之父"菲利普·科特勒曾说过:

"营销渠道决策是管理层最重要的决策,公司所选渠道将直接影响其他所有营销决策。"

娃哈哈在生产第一款产品"娃哈哈果奶"的时候,品牌知名度等并不是十分高。宗庆后当时一年365天当中,有300多天都泡在市场最前线。经过一段时期的调研和考察,他把娃哈哈的产品版图进行了完善。

他发现当时纯净水卖得非常好,接着娃哈哈纯净水诞生了;后来他发现可乐这款产品卖得很多,然后娃哈哈"非常可乐"上市了;还有八宝粥非常受市场欢迎,娃哈哈八宝粥也走向了市场;冰红茶卖得很火爆,所以娃哈哈冰红茶也出现了;娃哈哈把果汁和牛奶融合,生产出娃哈哈营养快线,一年产值达到了70多亿元。娃哈哈敢于生产种类如此繁多且在市场中具有一席之地的品牌产品,得益于娃哈哈无比庞大的渠道销售网络。在农夫山泉出来之前,说娃哈哈是全中国做渠道做得最好的商家,一点也不为过。为什么可以这么肯定地说呢?大家想想,在农夫山泉之前,有哪一家饮品公司的产品能从黑龙江的漠河,覆盖到新疆的阿拉善地区,且下面的县级城市,甚至是一些农村的小卖部玻璃柜台上摆在前面的饮料都是自己的产品呢?除了娃哈哈,中国找不出第二家。

到底什么才是娃哈哈成功的关键?建立并拥有庞大的渠道就是关键!渠道的种类有很多,如电子商务平台、线下实体门店、微商,这些都是渠道。但最好、最理想的渠道其实还是传统线下实体门店。市场上已经有了非常多的实体门店,现在最需要的就是拥有一套"能够帮助和扶持那些有渠道的人实现盈利的方式和方法",并把这些人的渠道为你所用。

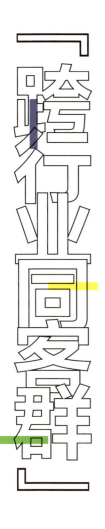

其实就是六个字——跨行业、同客群

即双方虽然处在不同的行业,但是顾客群体却是相通的。比如一位售卖儿童水壶的老板实现一年几千万的盈利,他的成功之处在于他寻找到全国 8 000 位童装店的老板,每一个店面帮助他实现 5 000 元的盈利,全国 8 000 家店实现了 4 000 万元的盈利!童装店和儿童水壶的客户群体都是宝妈,虽然服装和水壶是两个不同的行业,但是却实现了年盈利 4 000 万元的共同目标!

当年江小白进入成都市场的时候可谓困难重重，因为每个区域的部分优质网点被配送商和竞争对手拿下了水酒专供，江小白根本无法进入卖场。抓破头皮的江小白深入地进行了渠道结构调查，终于发现了一个突破口——可以和渠道成熟的雪花啤酒进行渠道嫁接。

雪花啤酒在成都还是非常有渠道基础的，有200多家的一、二级经销商，市场占有率75%以上。而江小白的产品和雪花啤酒的产品正好是反季节互补的产品，啤酒的旺季是在10月以前，而白酒是10月以后。如果雪花啤酒的经销商经营江小白的话，从运维角度来看，成本会降低、配送效率会提高，人、车、仓库的平均效益都会提高，同时还丰富了产品的结构，又能构建起自己的渠道壁垒，是非常棒的双赢策略。

江小白的谈判条件：给经销商每件30元利润，销量突破一定量后，再每件奖励10元，经销商只需做好配送、渠道协同维护、客情嫁接、财务管理就行了；江小白定区定人进行专业维护，承担第一轮网点覆盖成本，区域市场所有的投入、消费者拉动投入都是直投。

采用这种保姆式的渠道经营方式，江小白嫁接了雪花三分之一的配送商，为进入成都市场奠定了坚实的基础。

所以在时间差的盈利模式成为过去式的时候，渠道显得尤为重要，尤其要利用好"跨行业、同客群"这六字法宝。

周导说盈利新三十六计之渠道计

过去，我们一直以为能让我们赚钱的是产品，事实上，真正能够让我们赚钱的是渠道，就如同我们今天把本书写得再好，如果没有传播出去的渠道，本书也是没有价值的。所以，渠道才是中小微企业真真正正能赚钱的关键！

三十六计第四思
罗列渠道。

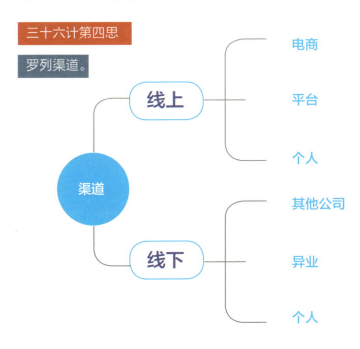

下游抓住用户　外部获取资源

第五计 逆向计

企业内部要明确董事长的定位，下游则抓用户，外部进行资源整合。企业的突破要从企业外部去寻求，从有限空间拓宽到无限空间。内部施行合伙制，外部融资本。

昨天靠产品赚钱，今天靠渠道赚钱，明天靠用户赚钱。

正向盈利：
用昨天的成功经验指导现在

与逆向相对的就是正向，在讲逆向计之前，我们先回顾一下何为正向盈利。先选产品，再提高收入、降低成本来实现利润最大化的方式，是大部分传统企业的盈利方式，也称为"正向盈利"。正向盈利的思维逻辑是用过去的成功经验来指导现在，迈向未来。最重要的三个基本要素是"产品、营销和管理"，这三个要素做得越好，企业发展得越稳妥，但是仍然没有解决赚钱的问题。这样的盈利方式在暴利期是可行的。但随着越来越多行业进入微利期和无利期，正向盈利遇到了很多问题。

所谓逆向盈利，简单地说，就是能够跨越行业周期，实现连续性盈利、可持续性盈利的方式。但是，逆向盈利不是一个简单的概念，它是一套有超强逻辑性的系统。在逆向盈利中，最重要的三个要素是"模式、融资和招商"。模式就是通过建立渠道和获取用户来实现盈利，融资就是将人才和资源融入企业中，招商就是找有渠道和用户的人合作。

在以产品为中心的时代，家电行业中，TCL、长虹、小天鹅等品牌把所有的精力都集中在做产品上。但是谁都没有想到，全中国那么多做家电的企业，真真正正到最后，成为首富的是国美电器。

大部分家电企业觉得做产品很重要，靠产品能持续地赚到钱，大家惯性地以为未来的发展趋势亦是如此，这是比较传统的正向盈利思维逻辑——用昨天成功的经验来指导现在，迈向未来。当所有的家电企业都将精力投入产品研发的时候，国美、苏宁已经深耕渠道建设。

过去，产品是最重要的，但现在最重要的却是渠道！以未来趋势来指导当下该如何做的思维，就是逆向盈利思维。

产品不是用来盈利的，而是用来与用户产生连接的。

当苏宁、国美深耕渠道建设时，京东利用互联网平台进行用户经营，实现了弯道超车。

根据京东财报，截至2019年12月31日，2019年的年度活跃购买用户数增长至3.62亿，环比三季度末年度活跃购买用户数大幅增长2760万，环比增长8.4%，单季新增年度活跃购买用户数创四个季度以来最大增幅。增速相较于第一季度至第三季度的1.7%、3.4%和4.1%，呈现出了明显的加快态势。

根据阿里巴巴2020年2月最新公布的财报，2019年全年活跃用户达8.24亿，2019年第四季度比第三季度环比增长了1800万。通过对比可以看出，2019年第四季度，京东的新增活跃用户数量大幅超出阿里巴巴将近1000万。

用户体验，是京东从创立的第一天开始，就注入企业核心价值观的内容。京东集团的活跃购买用户增长，源自用户体验的持续提升，无论何时，京东品类多、买得到、送得快、有保障，这使得老用户的购买频次越来越高，新用户的信赖度越来越强。

所以，在他人忙着研究产品的时候，逆向思维者开始布局做渠道；在他人做渠道的时候，逆向思维者已经开始网罗用户。

几年前人们对苏宁的印象是一家传统电器实体企业，而现在再提起苏宁，大部分人想到的是"苏宁易购、苏宁小店"。苏宁已经成功建起了电商平台，转型成为互联网零售企业。苏宁的成功转型带动的是苏宁五大产业的全面领跑：线上销售增长速度连超对手，O2O融合最为彻底，手机、超市等增速领跑行业，品牌商户快速成长，线下农村电商千店连开。

苏宁看到了未来的格局和市场结构，以用户数和大数据为目标，调整了发展战略，第一向电商进军，第二在全国开设实体小店，建设网格化的销售渠道。这就是用未来的趋势指导今天的做法。

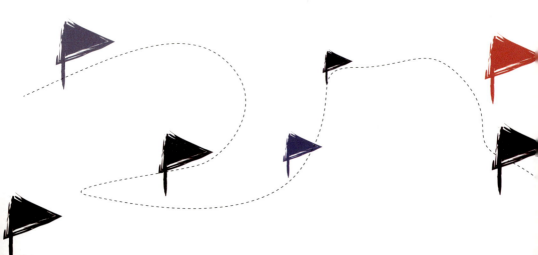

在电商平台和电子图书的冲击影响下，传统书店集体遇冷。要生存下去，就必须另辟蹊径。其中，诚品书店重新定义了书店内涵，将配套产业，如画廊、酒窖、电影院、咖啡吧等真正与书店结合起来，就像一座"生活博物馆"，开创了一种全新的生活方式。

诚品书店有书，有音乐，有咖啡，有各种能让人好奇和开心的小玩意儿，有各种能启发人的文化活动。这些设计都是洞察爱阅读人的心理而做的无形服务，既增加了书店附加值，也提升了用户体验感。

当然进店的客户也可以什么都不买，也不看，就坐在角落里，感受自由的文化氛围。半夜，许多读者前来盘腿捧书彻读或打坐，店员不会催赶，也不会趁机推销。

"游客来诚品买的当然不只是书、文具，更是一份爱书人的感情和追求文艺的心。"

诚品书店认为未来的趋势是服务，用构建一种生活方式替代原来的单一销售图书，从而布局文化服务和生活方式服务，这一战略也是诚品书店从连亏15年转变到开门店46家的原因之一。

52　周导说盈利
新三十六计

向逆

正向

周导说盈利新三十六计之逆向计

逆向计，其实就是要用未来的趋势指导今天，只有这样才能够迈向未来的成功。实际上，产品为王是第一阶段，渠道为王是第二阶段，用户为王是第三阶段。所以我们一定要利用渠道的思维和用户的思维，带动产品的销售，从时间或方向上，可以称之为逆向。其实是较先进的盈利方式代替了落后的盈利方式，用逆向盈利的方式代替了正向盈利的方式。

三十六计第五思

你当下的思维逻辑是正向盈利还是逆向盈利？

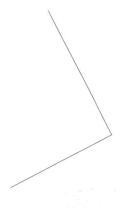

不仅自己会赚钱，还能教会别人赚钱

第六计

会跟计

周导说

赚钱的关键是要"会跟",要有敏锐的市场洞察力和国际视野,能预测未来的发展趋势,紧跟时代的发展脉搏,随时调整结构。能顺应时代趋势,乐当各种行业的合伙人。

——

逆向计是用未来的渠道和用户来带动产品的销售,而构建渠道和获取用户最有效的路径是洞察市场未来发展趋势,并顺应发展趋势,这是需要向成功的企业和成熟的经验学习的。企业家和老板会通过调研竞争对手或者培训课程进行学习。

在培训行业竞争越来越激烈的今天，逆向盈利的课程每月依然有 3 000 人到现场听课，说明该培训课程是符合今天这个时代的需求的。在每次课程的现场，至少有 10% 的人是做培训的讲师，这就是在跟随学习。在苹果手机问世之前，并没有智能手机的概念，苹果手机一经问世，全球的手机制造商捕捉到智能手机的发展大潮流和消费趋势。随着全球各大品牌智能手机的上市，整个手机行业进行了洗牌，人类的生活方式又向新的时代迈进了一步。

要抓住当下热门的项目，紧紧跟随。这个时代的发展脉络是从靠产品盈利，迈向了靠品牌盈利，发展为靠模式盈利。现在要开始调研和分析市场上取得成功的企业的盈利模式，跟随成功者的脚步实现创新发展。

在竞争战略中，本来有一种战略叫跟随战略，但往往被忽视，大家却都争着当领导者。真正的慧根是会跟，真正有慧根的人是会跟随的人。公司内部要会跟，面对市场要会跟，做产品要会跟，做品牌也要会跟。今天这个时代，开始靠模式赚钱了，要通过一套模式去建立渠道，要通过一套模式获得庞大的用户数！

因在国际投资领域接触了众多互联网公司,孙正义逐渐摸索出一套"时间机器"的理论:由于发达国家和发展中国家IT行业的发展阶段不同,在后者的产业还不成熟时,先在前者的市场上开展业务。等时机恰当时再杀回后者,就仿佛坐上了时间机器,回到几年前的前者。国内有一批具有国际视野和敏锐市场洞察力的企业家和投资巨头,随时在观察和分析国际市场的发展趋势和动态,深刻了解行业数据并做出科学的预测,这样国内才能有一批成功的互联网企业的崛起。比如,国内的淘宝、京东、滴滴、美团、微博和微信等平台,都是捕捉到了国外电商和社交平台的发展大趋势,结合国内互联网行业的发展形势,创造了符合国内消费者消费需求的平台产品。

不仅要埋头拉车,还得抬头看路。

所以互联网创业者都在调研、模仿和创新,都在跟某家成功企业学习。

电商对传统实体零售行业的影响无疑是最显著的。**超商在电商的冲击下要如何站住脚?** 很多超商已经看清未来电商与实体相结合发展的趋势,设计了线上线下相结合的盈利模式,在电商发展日益蓬勃的市场中博得新的出路。

天虹集团进入互联网后推出了"网上天虹",即天虹商城的PC电商平台,主营服装服饰、母婴用品、美容护理、家居床品、食品饮料、厨卫清洁和生活家电七大品类。接着天虹集团进入微信平台,成立天虹微信公众号,仅两年时间,微信会员数已经超过400万。最后,天虹集团在全互联网渠道初步形成了"网上天虹+天虹微信+天虹微店+天虹微品"的立体电商模式。采用"零售+餐厅式+个性化服务+O2O"的模式,线上线下全渠道融合,从零售切入本地生活服务。2015年实现营业收入173.96亿元人民币,同比增长2.34%;净利润12.08亿元人民币,同比暴增124.44%。不难发现,互联网是大势所趋,而转型后的互联网市场似乎更大。

蒙牛的互联网转型升级是通过跨界战略实现的。蒙牛借用百度庞大的用户数,通过百度扫描二维码的形式让用户可追溯牛奶产地——"精选牧场",让客户更安心和放心;借用滴滴众多的渠道,用牛奶与乘客产生连接,让用户在滴滴专车上享受到美味牛奶。蒙牛的转型是大势所趋,而跨界合作更是顺势而为。蒙牛的转型带来了很多的跨界合作,互联网思维下的营销使得蒙牛的战略合作深入品牌、渠道、资源甚至供应等方面,这是对蒙牛来说最好的转型方式。

周导说盈利新三十六计之会跟计

会跟计，就是教会大家具备深刻的洞察力，剖析所有赚钱的模式，分析商业背后的运行逻辑；走出去就能看得懂别人到底是怎么赚钱的，学会后，照着他做。

三十六计第六思

设立一个目标产品，

先调研，后创新，再超越。

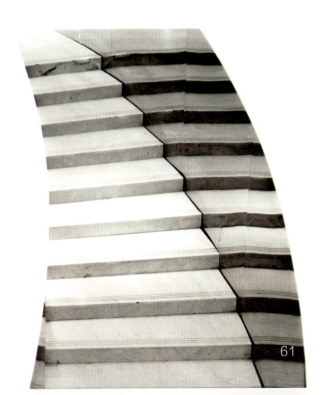

制订股份制激励计划

第七计 干股计

周导说

巧妙利用干股，构建利益共同体。所有的合作制都是资源的聚集。资源人合伙共同出资是实股制，运营人是干股制。

1. 股权激励

股权激励是通过经营者获得公司股权的形式使他们能够以股东的身份参与企业决策、分享利润、承担风险，从而勤勉尽责地为公司的长期发展服务的一种激励方法。

"什么值得买"从 1 到 N：
股权激励驱动高增长起航

从 2010 年的个人博客，到 2019 年的上市公司，"什么值得买"花了 9 年时间实现了所谓"从 0 到 1"的过程。从 1 开始的新路，可以从 2020 年 4 月 14 日晚间披露的 2019 年财报观察到："什么值得买"实现营业收入 6.62 亿元，同比增长 30.43%；公司实现净利润 1.19 亿元，同比增长 24.35%。

在电商导购这条赛道上，"什么值得买"开创了自己的方式。2019 财年，该平台平均月活跃用户数达 2 951 万，同比增长 11.18%。2019 年实现电商导购交易次数 9 299.27 次，同比增长 47%。

而在年报中，还能看到另一群人：2020 年，公司将继续推进组织架构的升级，提升公司内部组织能力。还将通过灵活的激励机制激活组织内部人才，促进创新成果的落地和应用。

同样还有这样一组数据：公司计划授予限制性股票数量79.51万股，涉及激励对象89人，激励对象总数占公司2018年年底员工总数的10.4%。首次授予股票数量63.6万股，平均每人授予0.7万股，授予价格为72.8元/股，以4月7日收盘价计算平均单人溢价57万元，激励力度不可谓不大。

高激励的背后，是高业绩增长考核。激励力度结合考核标准，将公司、员工、股东、投资者四方实现利益高度捆绑，为了同一个目标而奋进——若目标达成，各方均赢。而这样的激励方式，在一个已在从1到N进程中的公司中，或再将激发员工创业般的激情。

为进一步完善公司的法人治理结构，促进公司建立、健全激励约束机制，充分调动公司高层管理人员及核心员工的积极性、责任感和使命感，有效地将股东利益、公司利益和经营者个人利益结合在一起，使他们共同关注公司的长远发展，并为之共同努力奋斗，公司制订出各种股权激励计划。

股权激励的核心目的不在于培养多少个股东，而是造就多少个像老板一样去思考和行动的员工。

2. 构建利益共同体

干股即虚拟股，是指未出资而获得的股份。但其实干股并不是指真正的股份，而指假设这个人拥有这么多的股份，并按照相应比例分取红利。通俗地讲，即将一部分净利润，按照一定的比例，分给总经理或店长，使其与公司形成利益共同体，利润高就多分，利润少就少分，使其把工作当作自己的事业进行经营。

使用干股计是为了激励员工，平衡企业的长期目标和短期目标，因此，确定激励对象必须以企业战略目标为导向，即选择对企业战略最具价值的人员。激励对象需要具备两点：**一是有成功的管理经验，二是对公司忠诚度高，能够把工作当作自己的事业，想方设法把公司经营好。**

浙江某服饰公司，它有直营和加盟代理两种盈利模式，但是直营店效益一直不如加盟代理店，自己卖反而不如别人卖赚钱，该公司对直营店进行了股权激励机制设计。

首先对这个公司的25家直营店进行了数据分析、实地调研和访谈跟踪，按照业绩分为盈利店和亏损店，先做干股激励。

盈利店以上一年的利润额为考核指标，超出上一年利润的，40%上交公司，60%用于激励店长和员工。亏损店以扭亏为考核指标，所得利润的30%上交公司，70%激励店长和员工，扭亏后第二年按盈利店政策进行分红。

对于业绩非常优秀的店长和店员，他们设计了员工的内部创业计划：

员工用干股分红购买银股，成为所在直营店真正的股东，最大额度为20%。若资金缺乏，可考虑暂时入资10%，其余的10%向公司贷款，公司收取利息。在银股股权兑现之前，只享受10%的银股分红+20%的干股分红。每年分红得到的钱，60%~80%先还给公司，用于兑现余下的银股。银股全部兑现完成后，店长可享受20%的银股分红+20%的干股分红。

这个方案得到老板和员工的支持，效果很好。

老板放不下经营管理权是因为没有形成利益共同体，非得自己亲自管理才放心。在解决这件事情上，干股激励就显得尤为重要。干股计可以解决**如何能够把个人的事业变成共同的事业的问题**。之前很多人单靠自己去做事，现在应该思考如何让更多的人与我共赢。

以一家年利润为100万元的店铺为例，老板投资200万元，部分利润作为干股股份对核心员工进行激励。老板拿出10%的干股给店长，那么100万元的利润中，就有10万元是属于店长的，店长不用出钱就可以得到利润分成；同时，店长也成为店铺的股东，也是店铺的一分子。

在店面日常经营管理过程中，店长会尽心尽力地经营。因为他知道，店铺利润越高他的分成越多，这样老板何愁店铺不被经营得红火呢？

企业在运营过程中分为内、外两部分。老板的时间和精力主要放在外面，比如获取资源、融资；内部管理主要由总经理负责。最能激发总经理主动性的方法是与他组成利益共同体，共享公司利润，只有这样，总经理才觉得自己也是公司的老板，个人的主动性才能被激发出来。

天津WG公司，主营业务是五金代理和零售，公司有26家门店、500位员工。近几年，各门店总是反映人手不足；由于管理落后，公司连年亏损，已经濒临破产的边缘。经过研究，公司推出"442"的干股激励机制，即以前一年的利润为基数，后一年利润增加的部分40%上缴公司，40%分给店长，20%分给员工。结果"442"干股激励机制推出两个月，企业的人数减少100多人，公司利润却直线上升。

其实，进行干股激励是一种自然的行为。干股计的具体操作很简单，就是把部分净利润按照一定比例，分配给最核心的员工。但切记只分配给一个人。如果想同时分配给三个人是不可行的，只能给其中一个人，由这个人再去分配给另外的两个人。通过干股计能够构建利益共同体，董事长就可以把内部管理的事情下放。

周导说盈利新三十六计之干股计

三十六计之第七思

1. 企业是否满足以下几个条件

①处于创业期；②规模不大，业务模式比较简单；③企业的盈利点主要来源于员工的积极性；④相对适用于服务行业，如餐饮、连锁经营、商业贸易等。

2. 为企业设计干股激励机制

董事长是商业模式的专家

第八计

定位计

董事长的职责就是持续不断地为企业找到更多盈利点，找到更多能够增加盈利的新项目。

一

1. 企业黄金三角

对于创业者来说，只有一个人时创业大多数停留在想法阶段；两个人时会明确各自负责的工作内容和责任，会相互激发、相互牵制、相互要求，此时想法就会变成做法；三人及以上时，就成为做事业了，如阿里巴巴的十八罗汉已经可以开始打天下了。

做生意最重要的核心是老板，老板的定位是非常重要的。大多数时候，老板把自己定位为研发产品的人、进行内部管理的人、做事的人等，这些其实都不是老板的定位。

一家公司里，研发产品甚至爆品的岗位是产品经理；进行内部管理的岗位是经理人。干股计就是对经理人进行激励，促使其与公司结成利益共同体，如此，董事长便可以从内部事务中抽身出来，真真正正从更高的维度进行战略布局。

一般来说，建议一个公司必须有一个稳定黄金三角组织架构：董事长、具有专业能力的合伙人、内部管理负责人（经理人）。

智客会，过去一直从事股权投资、商业模式策划、融资和渠道招商策划。因为要获取做策划的用户，最好的入口就是做培训，但是一直未做，是因为无人懂培训。后来可以构建培训公司是因为一位精通培训行业的合作伙伴的加入。

经过两年多专业人士的运营和内部管理，每月有3 000多人来听课，并逐渐在培训行业中树立起品牌和知名度。到现在，智客会培训公司在抖音上的粉丝量已经达到2 000万，这全都得益于有这个领域的专业人士。

2. 老板的定位

在不同的阶段，老板的定位也在发生着变化。

在产品为王的时代，老板是产品专家；
在新商业时代，老板是模式专家，即董事长；
在未来的新时代，老板是资本专家、用户体验专家。

持续不断地找到
新的盈利增长点。

岗位职责

由产品专家发展成为
商业模式创新专家。

岗位专业

追求公司的现金流最大化，
使公司更值钱，
使公司价值最大化。

岗位目标

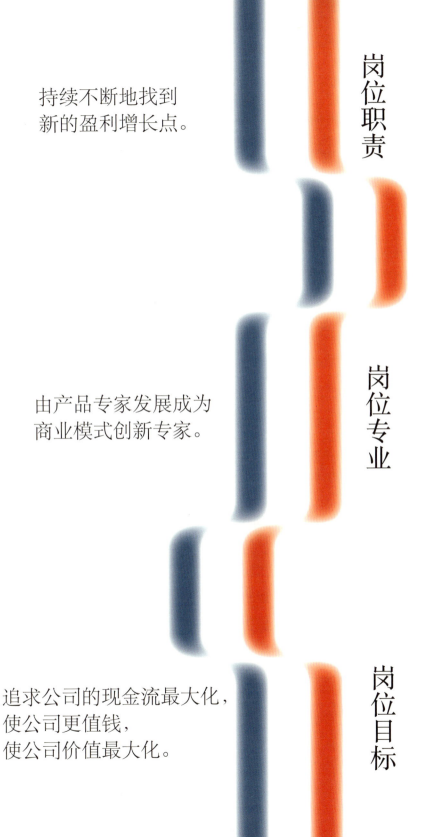

周导说盈利新三十六计之定位计

董事长是企业经营的核心,其定位非常重要,要与总经理定位区分清楚。董事长经营的是股东团队,不断创新企业的商业模式,为企业寻找新的盈利增长点,同时建立庞大的销售渠道和获取庞大的用户数,带领公司由 200 万元盈利变成 2 000 万元甚至 2 亿元,确保公司现金流最大化。董事长的职责是确保公司战略方向符合时代趋势。这才是真正的在其位谋其职。

总经理则是处于战术层面,经营内部员工,带领员工实现企业利润。

一家公司,要让黄金三角归位,并各司其职。从某种角度来讲,老板也是一个岗位,该岗位在过去叫作产品专家,现在则是商业模式创新专家。**所谓商业模式创新专家,就是要通过商业模式创新,获得庞大的用户数和建立强大的渠道,这才是核心和关键。**董事长的岗位职责就是持续不断找到新的盈利增长点。

三十六计第八思

反思过去的定位,

设计未来的定位。

在其位谋其职

商 业 竞 争 就 是 获 取 流 量 比 赛

第九计

入口计

流量是互联网时代最为重要的数据，因此入口大战、获取流量比赛是时代的主旋律。要想把生意做好，一定要增加用户数量、客流数量和消费频率。只要流量足够大，一定能增加收入。

1. 流量获取

企业都需要思考在今天的商业环境中如何盈利。当下的市场环境是入口大战、获取流量比赛。谁能获得庞大用户流量的入口，谁将在竞争中一马当先。所有的竞争本质都是客流量的竞争，即如何能够在入口拦截流量。

"一看全是人，干啥都能成；一看没有人，干啥都不成。"

既然入口如此重要，那到底什么才是入口呢？在获取流量方面，做得最成功的要属互联网公司，它的流量入口是产品，即产品用来与客户产生连接以获取用户流量，然后通过后期的模式实现盈利。

谁能获得庞大用户流量的入口

谁将在竞争中

一马当先

以 360 杀毒软件为例，杀毒软件本身是免费提供给用户使用的，在用户使用过程中会有很多广告窗口弹出，包括游戏、电商平台广告等，客户点击这些广告页面，游戏充值、购买商品等所产生的利益都与 360 杀毒软件有关系……而广告收益仅是一项收益而已。所以说，360 通过免费的杀毒软件获取了大量的用户，掌握了庞大的用户数据，360 无论做什么产品都会取得收益。

对于互联网公司来说，获取用户流量才是生存之本。但是对于传统企业来说，首先要改变的是思维，只有思维转变才能找到流量入口。过去的思维是找产品—开门店—做装修—请员工，然后等待客户上门，通过销售技巧产生交易。但是今天，由于电商平台和其他一些线上购物平台的飞速发展，线下寻找用户的成本越来越高，而且流量越来越分散。所以，今天做企业，不能一开始就想着卖货赚钱，而是要想着如何与人产生连接，从营销思维转向入口思维。

入口思维首先要思考的是"客户在哪里"，然后要做的是主动出击，即"山不过来，我就过去"，如果客户不过来，我过去找客户。

产品是用来与客户产生连接的

在过去的 12 年里，周导一直从事的是高端模式咨询策划，收费标准较高。虽然能设计很好的商业模式和策划方案，但一直无法获得庞大的量。为破解困局，传统营销思维会这样思考：

既然定位为高端模式咨询策划，那么可以在高速公路投放广告。如选择从杭州到上海的路段，计划投放 20 个广告牌，每个广告牌需要投入 50 万元左右，第一笔投资就产生了：

20 个 ×50 万元 / 个 =1 000 万元

当有人看过广告牌之后，会上门咨询或洽谈，那么则需要一个处于黄金地段的高端写字楼，再招聘 50 多个员工，就产生了第二笔投入：

【70 万元 / 月（写字楼租金）+5 000 元 /（人•月）×50 人】× 12 个月 =95 万元 / 月 ×12 个月 =1 140 万元 / 年

以每年有 20 个公司来做策划，每个策划收费 120 万元，则一年的收入为 20 个 ×120 万元 / 个 =2 400 万元

那么每年的利润是：

2 400 万元 -1 000 万元 -1 140 万元 =260 万元

这是典型的传统营销思维，即打广告—进行固定资产投资—招聘员工—提升推销能力。传统的营销方式，只能"等客户来找"，而不是"去找客户"。

入口思维就是"人不过来,我就过去",遵照此逻辑,周导开始接受各地培训公司的邀约去讲课,每场培训之后就会产生10余位需要做策划的客户。后来,与专业的合伙人一起开办了培训公司,但是培训公司的目的不是赚钱,而是通过培训课程与客户产生连接,从而促成策划交易的盈利。

买流量容易,但获取用户信任难。因此入口产品要按照爆品的要求设计,即让顾客惊喜又感到超值的、服务体验极好的产品。只有这样的入口产品才能获得顾客的信任。入口产品选好之后,一定要设计一套能够盈利的模式,即前端免费后端盈利的模式。

杭州一个儿童摄影馆,因前期老板不懂经营管理,来店客户寥寥无几,所以创建之初,亏损严重。经过一段时间的思考,这位老板找到了他的客户群体入口在幼儿园。所以他设计了一套模式,成功扭亏为盈,并获得和积累了大量用户。

第一步：与客户产生连接的入口产品设计。

儿童摄影馆的超级大入口：幼儿园。

入口产品：专业摄影师免费为幼儿园每月的活动进行拍摄。

解决幼儿园园长的痛点：免费拍摄为幼儿园提高了附加值，无销售痕迹，不会给家长造成困扰。

第二步：接触客户，寻找服务客户的机会。

邀请家长到店领取精美照片，寻找为客户继续服务的机会。

第三步：客户的自动裂变。

给到店客户推荐一个超高性价比的 200 元套餐（原价 3 980 元，特惠 200 元），并且到店客户推荐两位朋友到店办理套餐，原 200 元会退还给客户当作奖励。

通过数据统计分析发现 85% 以上的家长愿意到店里来领取孩子照片，有 50% 以上的家长愿意推荐身边的朋友来办理这个超高性价比的套餐。

原先就是打电话邀请客户到店拍免费的照片，他也许都不会来。可是通过设计这款入口产品就锁定了客户，之后每年孩子生日再邀请客户来拍照，90% 的客户都会来复拍，直到 18 岁。更不说还可以提供其他一些高附加值的服务，例如精修、买框、旅拍等。

儿童摄影馆的老板通过这套模式，用几个月的时间由 1 个摄影馆发展为多个，并实现每个单店的净利润全部超过 50 万元。这都得益于他商业模式的转型和升级，他从原来的坐店等客到主动找到超级入口，并设计入口产品，让自己的流量增加 100 倍以上。

入口计的核心就是找到入口产品，找到能与客户产生连接的产品，设计好前端免费后端盈利的模式，从而在市场上"入口大战、圈人比赛"中取得竞争优势。因为只要流量有了，销售任何产品都会盈利；而没有流量，销售产品只能是传统营销思维。

三十六计第九思

设计一款超级爆款产品作为入口产品。

周导说盈利新三十六计之入口计

借用别人的通道获得用户

第十计

借道计

周导说

借用别人的通道迅速接触到别人的用户才是获得用户的超级入口。帮助拥有用户的人，使其价值最大化，才是获得用户的超级入口。线下实体门店就是最好的客量通道，而服务线下实体门店，就是未来五年最大的商业机会。

顾名思义，借道计就是借助别人已经存在的渠道，实现"跨行业、同客群"获取用户。把渠道建设作为核心，通过他人的渠道，源源不断地销售自己的产品，这是当下市场中的巨大商机。

例如，装修行业的企业要寻找精准用户，需要用入口思维思考哪些客户有装修需求，答案是购房者和租客。那么装修公司可以与开发商、中介公司进行异业合作，以寻找到精准客户。这就是借道计。

在家电行业，借鉴国美、苏宁和京东的成功经验，今天最大的机会已经来临了：

一是得用户者得天下；
二是得渠道者得天下；
三是得实体店者得天下。

2020年3月28日，以"拥抱新零售，共享使用权"为主题的BEIJING汽车使用权交易平台在线直播发布。BEIJING汽车联合国网电动、小桔车服、宁德时代、邮储银行、优信拍等多家首批合作伙伴，推出首个全场景汽车使用权交易平台，发布引领未来出行生态的"鹏翼计划"。

这个交易平台汇集了汽车、出行、零部件、基础设施、金融资本、二手车等六个大行业跨界融合，未来将达到10万辆车使用权交易的规模。

BEIJING汽车还将在生态链伙伴企业的支持下，投入10万台车辆、100亿金融授信、布局100个城市、建设100家使用权交易站点，最终实现满足1亿人次"私+车"出行的目标。

渠道的本质是产品或者服务从厂家到终端消费者过程中的销售合作伙伴。正如前文介绍，渠道是离现金流最近的，而用户和渠道的连接点是终端。终端的分类有很多，包括电子商务平台、实体门店、微商、业务推销等。终端运营模式在很多行业更具竞争力，或将成为未来商业发展的主要方向之一。因此从某种意义上来说，得实体店者得天下。在所有的终端当中，最不可忽视的其实是实体店！

实体店一直是一个巨大的金矿，至今仍没有被全部开发出来。

当今最大的机会为县域经济。中国有近 1 500 个县，4 万多个乡镇。以家电行业中的国美和苏宁为例，目前，国美、苏宁各有几千家门店，但大多数都还在一二线城市，真正下沉到县和乡镇的店面寥寥无几。而全国 4 万多个乡镇，平均每个乡镇开设 10 家店，就需要 40 万家店，

县域才是真正的 广阔天地

所以，县域才是真正的广阔天地。能在这 40 万家门店中抓取 1 万家店的渠道销售自己的产品，这背后的成交数量和盈利将是惊人的。

设计与门店盈利直接相关的解决方案，是与门店合作的核心。门店的刚需为盈利，那么设计解决方案可以从客流量提升、利润提升、投资翻倍回收三个方面进行。此处列举五种可以用于渠道合作的盈利模式。

加盟

总公司负责品牌形象、标准和管理的统一，对外输出品牌、产品，加盟方负责投资、员工招聘和管理。

直营

实体门店方负责店面的投资、装修，总公司负责管理。我们常听到的海澜之家、名创优品都属于直营模式。

直营店

适用于不缺资金和人才的企业，如 ZARA、宜家等世界 500 强公司。

联营店

以股权形式进行合作。

联盟

帮助门店提升流量的入口产品，有成体系的会员方案，提高门店盈利的模式。

五种主要的适用于渠道的盈利模式。

周导说盈利新三十六计之借道计

借道计即不要想着自己去建渠道，而是要借别人已经有的渠道，用联盟模式输出解决方案，把产品和解决方案结合在一起。从这个意义上讲，所有的行业都才刚刚开始，都值得重新做一遍。所以说，借助别人的渠道为我所用是今天一个很重要的机会。

三十六计第十思

为渠道商设计一套入口产品和盈利模式。

成就别人自己顺便赚钱

第十一计

平台计

把公司改成员工的创业平台、行业的销售平台。与竞争对手成为亲密的伙伴，共同进行销售。在新商业模式下，要从个体经营迈向合伙经营，从合伙经营迈向平台化经营。

1. 加减盈利模式与乘除盈利模式

加减盈利模式为传统公司的运营、管理及营销思维，大部分公司采用此种盈利模式。此类公司为了维持生存，必须思考两个问题：

一是如何降低运营成本，提高收入，实现利润最大化。

二是如何在市场竞争中略胜对手一筹。

其盈利方式多是采用提高收入、降低运营成本的加减法，都在追求赚最多的钱，这种开公司的思维路径即是加减法的盈利方式。

乘除盈利模式则是采用平台型公司的运营、管理及营销思维，这种公司也需要思考两个问题：

一是如何帮助竞争对手销售产品。

二是如何让竞争对手的员工成为自己的合作伙伴。

这种企业是做平台的思维，这与公司的规模、产业无关。通过平台建立公司的渠道，把公司转型升级为平台，可以不再考虑成本问题，只需要思考如何帮助合作伙伴增加盈利，顺便实现自己的盈利。

这种做平台的思维路径即是乘除法的盈利方式。

加减法盈利

200万元收入—150万元成本=50万元盈利

为了提高收入到300万元，通过打广告、做促销、做活动达到目标；

300万元收入—225万元成本（投入增加、成本上涨）=75万元盈利

乘除法盈利

200万元收入—150万元成本=50万元盈利

50万元=10万元（自留盈利）+40万元（分配给合作伙伴）

通过同样的盈利分配方式和赚钱的通路，再邀请100位合伙人加入，则10万元（每个项目自留盈利）×100个（项目）=1 000万元盈利

当平台构建起来，有了合作伙伴之后，需要做的是实现合作伙伴的盈利，顺便自己再盈利。

阿里巴巴就是典型的平台，而马云先生做事业的思维方式就是平台思维。阿里巴巴做平台，是为了帮助更多的人实现创业梦，不是考虑自己的产品，而是做一个平台让更多的人可以把产品销售出去；菜鸟不是一个物流公司，而是提供一个平台，让更多的物流公司可以使用；支付宝不是一个金融产品，而是一个让金融产品可以嫁接的平台。

大多数物业公司提供保洁、安保等一般性的服务，居民有需求给物业下单，物业在时间范围内给予解决。居民经常觉得"物业拖延，不满意"，物业公司也因居民层出不穷的服务需求而焦头烂额。

但是某家物业公司的老板借鉴了互联网平台的形式，首先建立起一个物业的社区服务平台，将小区居民和可提供家政服务、农副产品的企业经过筛选引入该平台。居民可以在平台下单，对应的商家会提供相应的服务。又因制定的规则比较严格，不但服务质量有保障，而且居民在平台上选择的余地多，所以居民与物业能够相处和谐，物业也借助该平台实现了盈利。

低手过招，高手论道。一种思想和观点价值，不仅要现在有用，而且将来能发挥作用。

2. 将公司升级为平台

今天无数的公司都需要升级为平台，平台采用的是大家共创、共赢的盈利模式，通过少赚实现多赚。比如，原来 A 老板通过一套盈利模式可以盈利 50 万元，现在把这套盈利模式与 100 人共享，其中 20 人愿意采用这套盈利模式，合作前提是 A 老板获利 10 万元，其余盈利归合作者。

A 老板的盈利：10 万元 / 人 × 20 人 = 200 万元。
A 老板其实就是建立了一个平台，提供的是成功的盈利模式，其余 20 人可以在平台上盈利。A 老板从原来盈利 50 万元变为盈利 10 万元，但是共同经营者从 1 人变为了 20 人，所以 A 老板看似少赚了 40 万元，实则多赚了 200 万 –50 万 =150 万元。接着，A 老板又通过新的模式设计，将原来 20 人盈利 40 万元提升至盈利 80 万元，再与 1 000 人分享，其中 100 人愿意采用这套盈利模式。那么 A 老板的盈利为：10 万元 / 人 × 100 人 =1 000 万元。如果有 1 000 人愿意合作，那么 A 老板的盈利就是 1 亿元。所以"少赚就是多赚"。

这也是创业市场的盈利模式。创业市场买卖的不是商品本身，而是一个赚钱的机会。即设计一套商业模式，通过这个模式帮助别人赚到钱，就是当下最好的生意。

周导说盈利新三十六计之平台计

平台计就是通过把公司升级为平台，改变盈利模式，即我能帮你赚钱。现在做生意的渠道必须转变为一个帮扶型的渠道，一个利他型的渠道，一个平台型的渠道。它要变成一个大众创业、员工创业的平台，成为一个可以进行行业销货的平台，让各行各业的商品在这个平台上流通，让消费者拥有更美好的生活。

三十六计第十一思

梳理自己的盈利模式，

设计一套帮助员工共赢的盈利模式。

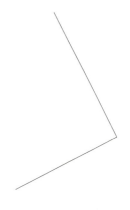

赚取服务费和现金流

第十二计 扣点计

把自己的盈利建立在降低他人的成本之上，而不是增加自己的收入之上。扣点计通过帮助他人实现提高营业收入，从而提取销售扣点，实现自己的收入增长。扣点计是从资源创造型盈利迈向资源整合型盈利，最终迈向资源流动型盈利。

一

1. 平台公司升级为行业平台

当公司重构为一个平台型的公司，并且建立了庞大的渠道时，接下来可以升级为行业平台。行业平台就是专注于某一个行业的垂直化平台，现在成功的行业平台有58同城、世纪佳缘、美团、滴滴，等等。因为现在还有太多的行业没有形成行业类的专业平台，所以参与平台创建的人都有机会。相信在未来，每一个行业都可以创建一个平台。行业平台的商机非常大。

通过建立行业平台帮助他人产生交易而赚取服务费或其他形式的费用，就是扣点计的核心。所以说，扣点计是把自己的盈利建立在降低他人的成本之上。马云之所以会成为中国商业史上重量级的人物,不是因为他的物质财富,而是因为他通过阿里巴巴改变了人们的生存、生活方式乃至命运。他始终身体力行地推行一种崭新的商业思维——服务的自由,实现了真正意义上的成人达己。在成就了他人的同时,赚取交易中的差额。因为阿里巴巴平台流量惊人,所以阿里巴巴的财富同样惊人。

建议升级为行业平台后的盈利方式,变成扣点的盈利方式,不再赚利润差价。现在把盈利方式改成扣点盈利方式,赚取服务费,直接把厂商的产品对接到终端。另外,还可以拥有很好的账期现金流。

2. 核心盈利点:
服务费、现金流和增加客户黏性

扣点计有三个盈利点:

第一是可以收取平台上下游合作伙伴的服务费;

第二是因账期产生的现金流,比如1年产生1.2亿元的交易额,这笔账款通常需要在中间商账户上停留1~2个月,那么平均每月就有1 000万元的现金流可以使用,这是扣点盈利方式带来的现金流;

第三是可以增加客户的黏性,因帮助上游企业增加了收入,帮助下游企业减少了成本,所以上、下游合作伙伴对公司的黏性增加了。

一位做服装批发生意的老板，因在批发商场中选择的位置不理想，导致客流量剧减，盈利困难，所以设计了一套模式，使服装门店老板涌向该批发店铺。

第一，提供免费午餐；

第二，举办到店客户"充300拿300送300返300抵300"活动；

第三，"充值9 688元送价值9 688元的苹果X手机一台，还返还9 688元，分2年返完"。苹果手机批发成本为8 500元，送一台的利润是1 188元，返的9 688元不是一次性返，条件是每个月来进衣服超过19件就返400元现金，分24个月返完。

盈利计算：

100元/件（假设每件衣服的批发价格）×19=1 900元

1 900元×40%利润

=760元利润

760元利润-400元返还

=360元利润

一般来批发服装的客户，一次批发19件衣服是很低的门槛，实际是超过30件的。

通过这样的模式设计就锁定了客户24个月在这里批发服装，通过24个月的维护，基本上大部分客户都会成为他的忠实客户。

周导说盈利新三十六计之扣点计

在今天与其研究怎么自己赚钱，不如多帮助别人赚钱。今天最洋气的生意就是帮助别人赚钱，顺便自己赚一些服务费。

三十六计第十二思

帮助上游多赚钱的模式。

帮助下游降低进价成本的模式。

以用户为中心，各行各业都能盈利

第十三计

跨行计

要用行业外的盈利补贴本行业内的用户。

1. "专心、专注、专业"是企业的标配

"专心、专注、专业"是各行各业生存和打造核心竞争力的基本原则。在过去的认知中,所有的人都认为,只有专心、专注、专业,才能够把企业做好。我们常说,认真只能把事做对,用心才能把事做好。在今天新的市场环境下,"专心、专注、专业"已经成为企业的标配,懂跨行盈利的布局,才能适应市场的发展规律,绘制企业的战略蓝图。

无论是美图秀秀、墨迹天气、百度搜索,还是微信等软件,其对待产品的态度都是非常专心、专注、专业的。但是它们不是通过产品来盈利的,而是通过其他行业盈利,比如广告行业、游戏行业等。

但在没有做好本行业的情况下,盲目地选择跨行业盈利,最后只会成为"杂货铺",竹篮打水一场空。下面是一个错误的跨行盈利的案例。

一位从事服装行业的老板，在门店客流量减少、盈利下滑的时候，认为需要跨行业来帮助门店提高收入，于是引入其他产品，比如化妆品、保健品等，以为让服装店变成集成店就是跨行盈利了。这样的认知就使门店变成了一家"杂货铺"。

跨行业并非产品种类变多，那么跨行业模式该如何设计呢？

2. 跨行业盈利是企业新的盈利增长点

在同行竞争变得日益激烈的市场环境下，建立渠道和获取用户是最重要的两点。当本行业的渠道和用户被同行抢占所剩无几的时候，要记住"跨行业，同客群"的六字宝典，寻求跨行业的渠道和用户，带领企业找到新的用户增长点，建立新的渠道。

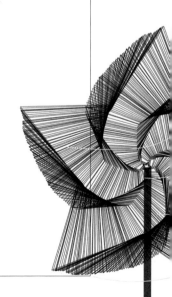

以互联网公司为例，美图秀秀、墨迹天气等是通过软件与客户产生连接，然后通过电子商务、广告、游戏、金融等方式产生盈利。所以互联网行业的盈利模式是：主营业务不盈利，后端业务盈利；盈利主要来自"以用户为中心"的跨行模式。所以说，跨行业挣钱，是互联网的基本思维逻辑。

一位做美容行业的老板一年内总投资50万元，盈利1 500万元。首先她以合伙经营的方式，把公司40%的股份分配给店长，请店长做好门店的经营管理，自己把时间和精力用在客户深度服务上。然后她对公司的几百位客户进行分类，根据不同的客户类型进行不同层面的深度服务，不仅与客户保持日常沟通，还会以朋友的身份与客户长时间相处，比如邀请客户一起旅行、逛街、喝下午茶、解决情感咨询问题等，进一步与客户建立深度的信任关系。再通过引入另一个行业——医美行业高价值的服务让这些客户再次消费，实现自己门店的盈利。

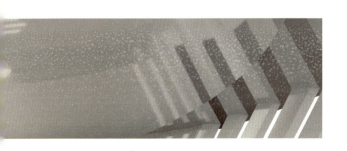

周导说盈利新三十六计之跨行计

在暴利期，盈利的核心关键是产品；

但在微利期甚至是无利期，必须得有用户和渠道。

当下赚钱的核心是从"以产品为中心"转向"以用户为中心、以渠道为中心"，实现跨行业盈利。

三十六计第十三思

罗列跨行业、同客群的其他渠道。

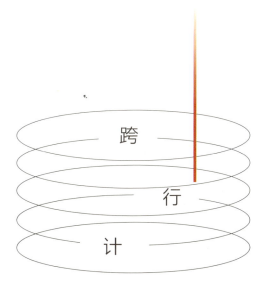

产品要学会组合化

第十四计 组合计

周导说

专业化经营是工业化时代的主要特征，而随着客户的需求多样化、信息公开化、产品价值透明化，企业想盈利，就得打破行业界限。对赚钱行业的划分要打破，对行业经营的定位则要混合化。在这个时代要跨行业合作，同行业整合，组合化经营。

组合计，是指产品的种类多样时，要进行有效的产品组合。

把产品做到极致已经成为企业的标配，把产品打造成爆品才能赢得客户的关注和青睐，产品已经成为与客户产生连接的一种方式。

在以用户为中心的今天，单一地销售某一种产品已经越来越难，将产品进行有效的组合，为客户提供生活、工作和学习的解决方案已经成为一种趋势。比如，对于女性顾客来说，无论是购买服装、鞋帽、箱包还是化妆品、饰品等，最终的目的都是提升个人形象，实现"变美"，那么对相关产品有效地进行整合，再根据不同类型女性的不同需求进行分析，提供一套最适合客户需求的解决方案，就可以成功地销售一系列相关产品，这就是组合计。

因为盈利是跨行的，所以产品就可以是组合的。产品组合的关键是探明客户的本质需求。如果纯粹只做产品，未来经营起来困难重重，一旦从做单一产品升级为经营生活方式，就会有无限的可能性。

尚品宅配是一家强调依托高科技创新性迅速发展的家具企业，它不是简单地销售产品，而是为客户提供一个全新的家，提供装修解决方案。

尚品宅配免费为客户提供专业设计师上门量房设计服务，为客户提供"上门量房＋家具配套设计＋全屋家私估价"全套服务，全部免费。

同时，消费者能够在尚品宅配获得货真价实的低价商品以及完善服务。"大规模定制"首先从生产流程的源头严格控制生产成本，为消费者省钱可达40%。

此外，尚品宅配针对市面上的所有户型制作了上万套生活空间方案，通过全球尖端的数码虚拟现实技术，把展厅中的沙发、餐桌、衣柜等单件家具直接摆放到消费者的家中，一键点击，即可让业主看到家具摆放在自家的效果，网络展厅的体验功能得以完美实现。由此，尚品宅配从价格到购买体验赋予家具网络购买颠覆性的全新感觉。

尚品宅配从为客户提供解决方案出发，解决了客户装修全过程中的痛点，为客户提供真正价格低廉的家具商品，又提供令人放心的完善服务，构筑市场竞争力。

周导说盈利新三十六计之组合计

今天的商业已经从过去的单一销售产品，开始升级为销售生活方式，比如提供全屋定制、个人形象管理。组合计，主要讲的是产品组合。

三十六计第十四思

在跨行盈利的前提下

将公司、产品用组合计重新设计。

老板在某一领域拥有专业性，
是企业核心竞争力的原点

第十五计

专业计

周导说

21世纪的主旋律是专业主义，企业的核心竞争力首先是老板的核心竞争力，确保老板在某一领域拥有专业性，就是企业核心竞争力的原点。

一

1. 成于专注，死于单一

世界六大管理大师之一的大前研一在《专业主义》中说道："未来21世纪，如果我给您一个建议的话，那一定是专业主义。"虽然可以通过跨行业盈利，对产品有效地整理组合，但是企业的主营业务必须专业化。要做到极致，老板要记住的是：成于专注，死于单一。

首先，老板要对自我和企业进行定位。老板一定要在某个领域具有很高的专业水平，如果销售保健品就得是健康专家，如果销售服装就得是形象管理专家，如果经营餐饮就得成为美食专家，如果从事旅游就得成为旅游体验专家。

以周导创办逆向盈利课程为例，是通过彼得·德鲁克大师说的"未来的竞争不是产品和产品的竞争，而是商业模式和商业模式的竞争"得到的灵感。在过去的十几年中，周导为企业做咨询策划主要是对于商业模式的设计，这也正是其最专业之处。另外，周导把自己这十几年的经验整理成逻辑性强、具有可实践性、具有指导性的课程，与更多的老板分享，所以周导开设了逆向盈利这门课程。

越是竞争激烈的时候、越是竞争激烈的地方，对专业的要求就越高，这叫"成于专注"。但是又不能仅靠一件产品盈利，不然就会"死于单一"。

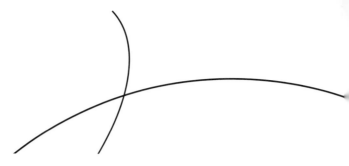

在用了33年把京瓷经营到了500亿日元的年利润后,稻盛和夫又开启了第二电电的事业,结果凭借燃烧的斗魂和付出不亚于任何人的努力,只用了8年时间就把第二电电集团的年度利润做到了500亿日元。

"经营之神"稻盛和夫认为,他成功的关键就是思维方式,或者说他比别人更有斗志和信心。

任正非创办华为,没有钱、没有资源、没有技术,完全是从无到有、从小到大、从弱到强,一步一步脚踏实地干出来的。如今的华为雄踞通信行业的世界第一位,无论技术能力和企业规模,还是营销实力和产品专利,都做到了不弱于人。经营企业,不得不服华为。任正非说华为不怕谁,"这个世界离不开我们,因为我们比较先进",这是有足够底气的。

这两位成功的企业家最专业的领域就是经营管理,所以在经营企业上非常成功。

差异化、低成本、集中化。

2. 做专业的产品，用来与客户产生连接

市场竞争越来越激烈，对产品专业性的要求越来越高。如果想通过跨行和产品组合实现盈利，就得有极致的产品能与客户产生连接。一般来说，实现产品专业化，有三种做法：差异化、低成本、集中化。

要把产品做得跟别人不一样，品质更好、功能更强大，还要比别人更便宜。所以小米的手机做得很好，但小米公司并不拿手机来盈利，而是与客户产生连接。麦当劳的拳头产品叫巨无霸，但并不靠汉堡挣钱，汉堡是拿来连接用户的。

当所有人都以为小米这个公司是做手机的,雷军说小米的商业模式其实是经营米粉。首先小米公司是互联网公司,服务的主要对象是米粉,所以小米实际上是经营以客户为中心的一个移动互联网的生态圈,这才是小米的真实定位。小米的前端看起来好像什么都卖,比如毛巾、电饭锅、空气净化器、电视机等,但是,它拥有一个非常专业的产品——小米手机。而小米手机正是拿来与客户产生连接的。

周导说盈利新三十六计之专业计

老板对自己和企业的专业领域要准确定位,并以专业的精神生产一款极致的产品与客户产生连接,才能有效地组合产品,进而实现跨行盈利,从而实现更多的盈利。

三十六计第十五思

打造老板和企业的核心竞争力。

[专业性]

从赚钱一生一次到赚钱一生一世

第十六计

生态计

周导说

从赚钱一生一次到赚钱一生一世,要获得客户的终身价值和客户的边际价值。企业要从公司化经营迈向投融资化经营,再迈向资本化经营和生态化经营。

——

在今天,一些头部企业都是在进行生态布局,以实现与客户的终身连接,产生更多的盈利。比如阿里巴巴从事的业务是比较多的,有淘宝、支付宝、菜鸟物流、阿里影业、大润发、飞猪旅行、闲鱼、天猫、淘点点、农村淘宝等,不计其数,因此称阿里巴巴为经济体,这是一种类似于一个国家的盈利方式。

企业的生态包括两个方面:一是用户生态,二是资源生态。

1. 用户生态

当企业拥有大量用户的时候，通过把与用户从早晨起床到晚上入睡、从刚出生到暮年的衣食住行医等方方面面有关的产品进行整合，形成体系，就成为一个简单的生态体系。

用户生态，就是以用户为中心，帮助用户采集其所需要的各种产品，经营用户的生活方式。

过去的商业模式是把1个产品卖给1 000个人。在以用户为中心的今天，商业模式是锁定一个人，卖他1 000次！生态计就是锁定一群人，卖给每个人1 000次！而未来是要锁定一个人，卖他1 000次，并且让每个人都帮我找来1 000人，再锁定每个人，把一个产品卖给1 000个人。未来的这种盈利模式称作用户生态，赚钱的不是产品本身，产品只是拿来与人产生连接的。

2. 资源生态

赚钱＝资源＋经营。资源生态是先有资源的聚集，才会有经营的成功。

产品、品牌、人才、资金、好的项目、好的模式、渠道、社会关系等都是资源。过去老板把资金投入自己的公司，资源还是一个人的。而资源生态是去融资金、融人、融资源，人才有了，资源也就多了。

资源生态是投资和融资的核心环节，资源才是赚钱的核心，要向全社会融合资源。

企业怎样形成资源生态呢？比如，某公司有1 000万元融资需求，企业老板自己有1 000万元资金，老板先把自己的1 000万元分拆成100份，去投资100个项目或100家公司，哪怕每家公司只持有1%～2%股份；公司找100个人融资，每人以10万元入股。一边投资了100个项目，一边通过融资融进100人，相当于和200个人、200个公司、200个项目、200个领域的产品、200个品牌、200个渠道、200种模式、200种社会关系产生了连接，企业就迅速地成为一个资源密集体！

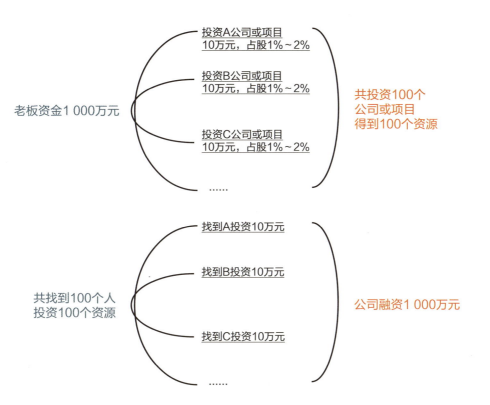

资源生态的要点是，如果有资金就去投资别人，如果需要资金就让别人来投资，如此就能够形成一个资源生态。

阿里的生态循环：

电商—支付—物流—服务器（云服务）—垂直业务（外卖、售票、OA等）—线下智能消费场景

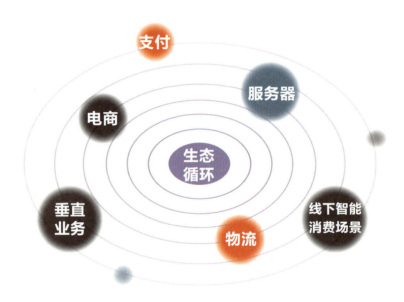

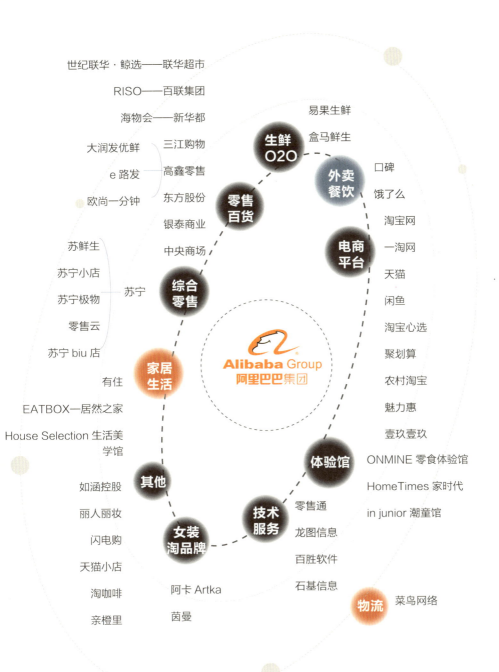

139

周导说盈利新三十六计之生态计

生态计就是企业从公司化经营迈向投融资化经营，再迈向资本化经营和生态化经营。主要是用户生态和资源生态两种，以用户为中心就是要锁定一群人，使他们自愿为企业介绍更多的客户，实现盈利。企业拥有了资源的集合，就向着成功又迈进了一步。

三十六计之第十六思

设计公司的生态思维导图。

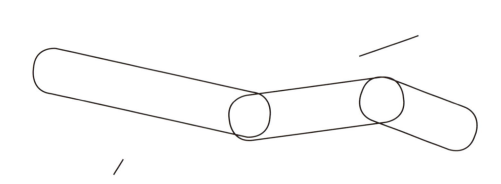

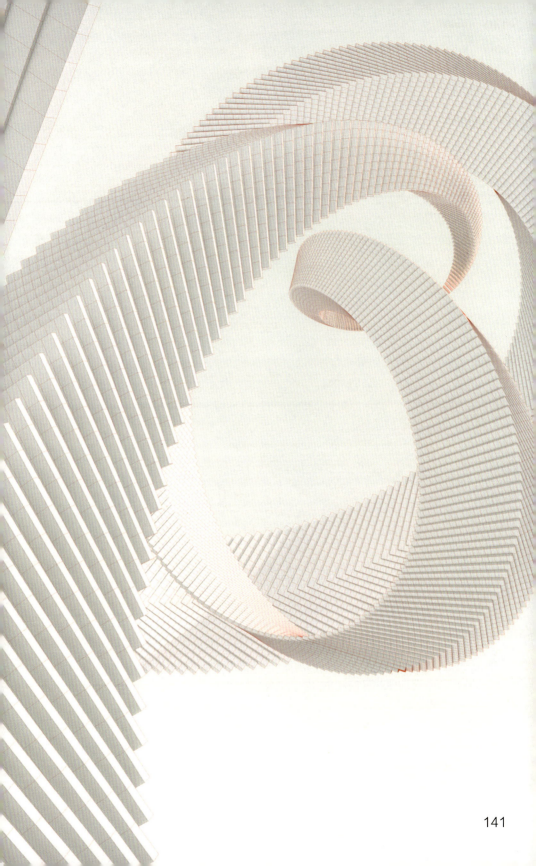

让顾客分享传播转介绍

第十七计

分享计

周导说

在流量枯竭时代，顾客资源才是企业的再生资源。

一

1. 商业的原点——流量

同样是租店面，为何有的只要 20 万元/年，有的却高达 100 万元/年？20 万/年的店面每月客流量是 1 000 人，而 100 万元/年的店面每月客流量是 10 000 人。客流量的多少决定了门店盈利的高低，流量是商家成败的关键。

今天，无论是传统行业还是互联网行业，都面临着流量枯竭的问题，这也是当下生意难做的根本原因。对实体门店而言，随着电商的迅速崛起，客户更多地选择去逛电商平台、刷朋友圈，原来的客户分流了实体门店的流量，实体门店流量也逐渐枯竭。互联网公司也面临流量枯竭的情况，除了淘宝、天猫、京东、唯品会等，还会有各种层出不穷的创新型互联网公司，瓜分线上流量。比如，拼多多就用自己的运营方式把原本淘宝、天猫、京东、当当、聚美优品、唯品会等电商平台拥有的流量吸引到自己的平台。拼多多的崛起，是在流量枯竭的时代，发掘每一个顾客，让购物变成社交的载体，把分享变成既有趣又有利的社交活动。这一模式旨在开发每一个客户背后的人脉资源。

2. 微商将成为未来商业模式的趋势——客户分享传播

整个商业中最微小的单位叫顾客，利用微信让顾客自觉分享传播的即是微商。在朋友圈做微商是因为做了某家代理，这不是真正意义上的微商。

微商的核心是客户分享传播。

一对情侣出游马尔代夫，7天时间，马尔代夫迷人的风景和愉悦的旅行感受，让这对情侣兴奋得每天都会发10条朋友圈。假设这对情侣每人有5 000位微信好友，两人合计有1万位好友。如果1万人被连续刷屏7天，可能有1 000人产生要去马尔代夫的想法，有100人开始安排出游计划，有10人开始查看出游攻略，有1人已经订好机票，明天即将出发。其实，发朋友圈的行为就是微商分享传播的一种方式，但是发圈的人并没有意识到，这种没有任何费用产生的分享传播成为公益微商！

客户转介绍核心原理——遵循250定律。

乔·吉拉德去参加一个葬礼，照例向所有人发了自己的名片，大约发出了250张。回到家里，他躺在沙发上闭目养神，忽然灵光一闪，想起自己以前参加过的几个葬礼，每次发出的名片数量竟然惊人地相似，都在250张左右。

吉拉德由此得出结论：每个葬礼上的人数都在250左右，也就是说，一般情况下，一个人一生中真正有影响的交往人数大约是250人。

你只要赶走一个顾客,
就等于赶走了潜在的 250 个顾客。

你只要赢得一个顾客,
就等于赢得了潜在的 250 个顾客。

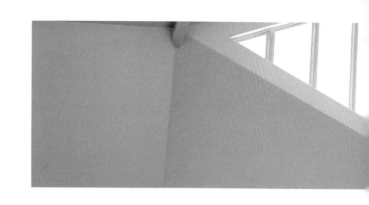

3. 业绩增速"老带新"

有一位在县城销售成品家具的老板在整个行业低迷的时期还能够保持销售额稳定增长,年销售额可以达到1 000万元,其中的重要原因是老客户介绍的新用户非常多,1 000万元的销售额中有600万元是老客户介绍产生的。

对建材、家具和家电的经销商而言,老客户带新客户,不仅能降低营销成本,而且成交率极高,对门店的盈利和业绩提升都非常重要。

那么一个家居门店,该如何做好老客户的服务和维护,来提高"老带新"呢?

第一步,提升服务质量

售后服务的优劣,决定了客户的满意度,是影响老客户介绍新客户的最重要因素之一。客户如果对公司的服务不满意,肯定不会再介绍给其他客户。所以,要严格执行总部的售后服务标准和流程,或者执行更高的标准。除了提供常规的售后服务外,建议增加一些贴心的增值服务。对家居行业来说,可以增加装修后保洁、免费除甲醛、家具清洗、地板打蜡、水电检修等服务。另外,每年定期上门维护检修,也非常重要。

第二步,建立客户档案

客户档案内容要尽可能详细,如姓名、联系方式、住址、性别、年龄、生日、爱好、职业、收入情况、家庭情况、装修地址、面积、户型、装修价格、购买产品、购买价格、安装效果、服务满意度等。

客户档案建立好后，为提升转介绍效果，要对老客户进行分类。可以按照职业和收入情况进行分类。把收入较高、人脉广泛的客户筛选出来，这样在后期跟踪的时候就能分清主次。

第三步，主动与老客户保持联络

经常主动联络老客户，让老客户感觉到被尊重，并与其成为朋友。

针对人脉广泛的优质老客户，逢年过节赠送合适的礼物。因为这些客户背后的人脉圈子大，也能带来较大的业务量。

第四步，邀请老客户参加活动

邀请老客户参加公司举办的各种活动，如公司年会、顾客联谊会、亲子活动、年度旅游等，增进与老客户之间的感情。可以通过这些活动，让老客户更加了解公司的服务理念和水平。

周导说盈利新三十六计之顾客计

在今天，流量成为传统企业和互联网企业竞争最激烈的资源，**得流量者得天下**。而通过流量变现的关键是让客户自己分享传播，让每个客户都成为一个渠道。

三十六计第十七思

设计一套客户服务体系和用户分享奖励机制。

把消费者转换成会员

第十八计 用户计

要把顾客变为会员，再把会员升级成用户。所谓用户，就是具备转换价值的消费者。

1. 用户、顾客、消费者

用户、顾客、会员，可以统称为消费者，但是它们之间也有区别。

消费者是指为达到个人消费使用目的而购买各种商品与服务的个人或最终产品的个人使用者，即进行消耗花费的人。

以服装为例，通常一件衣服可以穿几年，每个人一生需要的衣服数量不会太多，但是为什么人们尤其是女性经常购买衣服？其消费的目的多种多样，如新的款式上市、心情因素、买过的衣服觉得不好看需要再换等，其

实这就是消耗花费。消费者是所有商业的原点，就是因为有消费者，才有商业的存在。

顾客购买的是产品本身的使用价值，如购买衣服，付款 200 元，衣服带走，交易结束。只要购买商品的人就是顾客。大部分传统行业公司的消费者基本上都是顾客。

用户，是指接受一项产品服务的客体，更多是互联网公司对消费者的称呼。使用 360 杀毒软件的人只能被称为用户，因为没有购买软件，没有进行消费。

在生活中有这么一个很有趣的现象：某位游客突然想上卫生间，抬眼看见两家餐厅，一家中餐厅，一家是西式快餐厅，如肯德基、麦当劳等。一般人会选择去西式快餐厅。因为大部分人认为西式快餐厅更不介意人们借用卫生间，虽然该餐厅从来没有明确表示过。

中餐厅通常经营的是消费者关系，所提供的服务是建立在消费的前提上的。而西式快餐厅是有意识地经营用户关系，先与用户产生连接，再进一步引导消费。

2. 把顾客转变为会员，再把会员升级为用户

消费者办理充值或者积分会员卡，并不一定是会员，因为真正的会员购买的是生活方式。

用户计是先把传统的顾客转变为会员，再把会员升级为具备转换价值的用户，即企业要把经营顾客升级为经营会员，再升级为经营用户。而经营用户的关系是用产品或服务与客户产生连接。拥有了庞大的用户群体，企业才能盈利。例如，网红主播薇娅在直播间就拥有很多用户，所以在薇娅的直播间，从化妆品、家居用品、厨具、图书再到土特产，甚至火箭，都能以秒的速度销售一空。

又如抖音平台的主播带货：平时推送免费的短视频，给网友带去有价值、有趣的内容，让网友成为消费者，消费的是观看时长。网友一旦成为某位主播的粉丝之后就升级成为会员，他们想要的是与主播一样的生活方式或者对待某种事物的态度。比如短视频制作运营者李子柒，她能抓住粉丝的心正是因为

她通过短视频传播了传统文化，她的视频不会因为时间变迁而失去传播的价值。当下，国家极力呼吁发扬传统文化，而现在的年轻群体对传统文化知之甚少，李子柒正好抓住了这个缺口，自然受到大家的追捧。接着在主播的直播间成为用户，通过对主播短视频长期的关注和了解产生信任，在主播进行直播带货的时候，就产生了交易和盈利。

大姨妈 APP 是专门针对女性生理期的一款软件，提醒女性注意生理期的时间，避免生理期时的一些尴尬，监测女性生理期的健康数据等。转化大姨妈 APP 的用户价值就是通过监测用户的数据，进行数据测算并推荐给用户不同的解决方案，如痛经如何处理、有哪些调理方法和用品等，备孕女性需要服用的一些营养品等，或孕期的女性用品和育儿方案。大姨妈通过一款 APP 就获取了几亿女性用户，然后在 APP 内直接销售给用户化妆品、计生用品、卫生用品等，还可以通过课程、广告等进行盈利，这些都可以称为转换价值。

开始的"起点"就这一小小的区别，最后就演化成客户思维和用户思维之间的鸿沟了。所有经营用户思维的企业，都走在了前面。

周导说盈利新三十六计之用户计

用户计的核心就是把顾客转变为会员，再把会员升级为用户。企业在主营业务上应思考用哪些产品与用户产生连接，而不是急于盈利，只有拥有了庞大的用户群，后端的产品销售才能盈利。

三十六计第十八思
如何把会员升级为用户？

用户计的核心就是把会员升级为用户

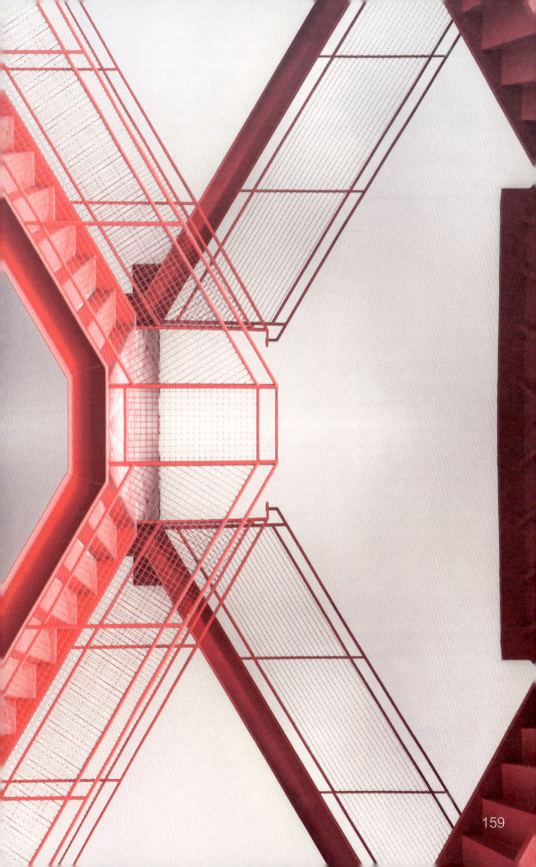

目 光 在 哪 里 财 富 就 在 哪 里

第十九计

传媒计

今天所有的公司都要有传媒公司的宣传意识。任何公司都需要争取人们目光聚集的机会。老板要成为老师，公司要善于包装，小公司大架势，即大量的案例见证、顾客见证、员工见证、代理见证、股东见证，各领域人群的文字化、图片化、音频化、视频化、病毒化的大量传播再传播！

1. 注意力经济时代

今天的经济形态叫注意力经济（Attention Economy），指企业最大限度地吸引用户或消费者的注意力，通过培养潜在的消费群体，以期获得最大未来商业利益的一种特殊的经济模式。

凯文·凯利在《必然》一书中讲道："在信息丰富的世界里，唯一稀缺的资源就是人类的注意力。既然它是最后的稀缺资源，那么注意力流向哪里，金钱就跟到哪里。"

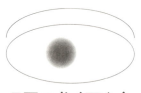

眼球经济

进一步说，注意力经济最重要的资源既不是传统意义上的货币资本，也不是信息本身，而是大众的注意力。大众只有对某种产品注意了，才有可能成为消费者，购买这种产品。而要吸引大众的注意力，重要的手段之一，就是视觉上的争夺，由此注意力经济也称为眼球经济。

那么企业为何要吸引人们的注意力？其实，这是经济空间扩展的必然。随着收入的增长，人们的需求也从以物质需求和社会需求为主，向更强调心理需求的方向发展，注意力是心理需求的入口。

在把注意力转化为经济价值的过程中，媒体既是注意力的主要拥有者，同时是注意力价值的交换者，所以传媒经济就是以注意力为基础的经济。但在当今信息过剩的社会，吸引人们的注意力往往会形成一种商业价值，获得经济利益。因此在经济上，注意力往往成为一种经济资源，在这一意义上，注意力就是"把精神活动投注在特定的资讯项目上。这些特定项目进入我们的意识中，引起我们对特定项目的注意，然后我们便决定是否采取行动。如果你对某项事物并未考量做出某种行动，就不算注意到这项事物的存在"。而由这种注意力所形成的经济模式，就是注意力经济。

2. 目光聚集之处必将有财富产生

注意力带来影响力，影响力带来价值。每个个体的注意力都是有巨大价值的，传媒计的逻辑就是：人们的目光聚集在哪里，财富必将产生在哪里！

企业要通过传媒把商品宣传出去，让大众迅速看到、记住，并产生兴趣。凡是在全球销量领先的产品都有一个特点：广告感染力强，品牌会借助事件营销，借助社会热点造势，形成很强的品牌传播力。

可口可乐到底是一家什么公司？是饮料公司？不对！因为可口可乐公司的配方100年都没有变过。实际上，可口可乐是一个媒体公司、广告公司。在可口可乐已成为市场领导者的情况下，百事可乐是怎么突出重围的呢？两者之间又存在什么差异？可口可乐认为自己是正宗的可乐，而百事可乐的广告是给可乐定位，指明可口可乐因为是正宗可乐，所以是"老年人"的可乐，而百事可乐以创新者的姿态出现，定位是新一代的选择，邀请的代言明星也是当红的流量明星，完全符合"新一代的选择"的形象。百事可乐也因年轻人喜欢稍微甜一点的口味，而比可口可乐甜度高；可口可乐包装主色是红色，百事可乐就把包装设置成蓝色；百事可乐的瓶子比可口可乐做得大一点，喝可口可乐的年轻人觉得意犹未尽，再买一瓶又不想买了，百事可乐正好满足其需求。百事可乐因此迎来了迅速的崛起。

在百事可乐的攻势之下，可口可乐营业额下跌严重。基于市场销售不利的情况，可口可乐决定改革，调整了配方，将口味变甜一点。但令人意想不到的是，可口可乐配方一改，发生了惊天动地的公关事件，很多人拉着红布条抗议说："可口可乐的配方改掉，我们从此再也喝不到正宗的可乐了。"

发生这样的现象有一定的炒作成分，比如一些网红店，其实并没有多少顾客，但是看起来却天天有人排队，这些都是广告炒作、公关媒体做出来的效果。经过可口可乐这么一炒作，各种铺天盖地的宣传全都在说："可口可乐宣布因为改掉配方，使得它所有的粉丝无法接受。"

经过炒作，大众重新对可口可乐进行了认知，可口可乐在客户心中的形象重新回归原位，销量重新上升。

未来为了提高注意力价值，企业一定要提供更多高质量的、良好的体验。未来的商业模式不是抢夺注意力，而是在提供高质量的、良好的体验后，注意力会主动找上门。微信作为快速崛起的新媒体，具有一个相对私密的朋友圈，它本身包含着电商最基本的信息后台。微商之所以能够迅速崛起，是因为人们的目光都落在手机上，而微信抓住了人们的眼球。自媒体、微商、电商平台对目标用户群的注意力管理决定着其成功与否，加强注意力管理是提升商品价值转换的重要因素。以良品铺子、居然之家、小米有品等品牌为例，通过选择线下投放分众电梯电视、电梯海报、数码海报等媒体组合，进入用户圈层。比如，居然之家通过电梯电视风暴式覆盖写字楼、公寓及居然之家门店，参与分众电梯红包，使红包发放量超10万张，"双十一"销量破120亿，会员数量增长56万；良品铺子在"双十一"期间也收获分众电梯红包发券量50万+的好成绩；小米有品更厉害，以电梯电视+电梯海报+数码海报的全媒体组合投放，在投放期间百度指数增长360%+、微信指数增长700%+。

周导说盈利新三十六计之传媒计

这种情况下，有效的传播、广告的宣传、互联网经济效益的取得，都与有效吸引注意力密不可分。在吸引注意力方面，面临着激烈的竞争与挑战。这一点，自媒体的经营者感触尤其深刻，他们每天都绞尽脑汁思考如何抓住消费者的眼球，如何借助各种媒介进行有效传播。

三十六计第十九思

请罗列公司可以投放的媒体，帮助并针对某一产品或品牌设计一系列广告文案。

老板要成为企业的代言人

第二十计 明星计

当下企业经营的不是企业本身，而是老板的IP，老板应该成为企业化和社会化的明星。每一位老板都是某一利益集团的代言人，要让冷冰冰的企业实现人格化，老板的个人定位、形象包装、演讲风格、言谈举止、待人接物等，都得按企业明星的标准去打造。

一

1. 营销公司未来的老板

从营销产品的角度，一个公司应该具备三类产品。
第一类产品即产品本身，即公司研发、营销的产品，这类产品是公司的主营业务。如实体经济中的建筑、电子产品等，服务经济中的服务。这是公司的立身之本，是公司的经营基础。

第二类产品即商业机会。当公司的运营模式比较成功或者营销模式受到大家的信任时，就会产生各种代理。代理之所以成为代理，是因为其相信通过代理产品能够赚钱，即拥有了一次盈利的机会。

第三类产品即公司的未来，是高纬度、高级别的产品。老板的思维、眼光、胸怀等决定了公司的未来，而能

够营销公司未来的一般都是公司的老板。老板通过描绘公司未来的蓝图、设计公司的经营模式等，能够激励志同道合的人与之共同奋斗，创造企业和员工的美好未来。正如马云把阿里巴巴的未来营销给孙正义、雅虎、蔡崇信、"十八罗汉"等人一样。如今马云把阿里巴巴营销到世界其他国家，使阿里巴巴成为中国的一张名片。

2. 像打造明星一样打造老板

老板作为公司的明星代言人，推广传播公司，让更多的投资者、人才、项目负责人和渠道商等知道自己、知道公司，才能拥有更多的资源，才能拥有更多的合作。既然老板形象如此重要，就要像塑造明星一样塑造老板，可以从定位设计和形象设计两方面打造。

老板的形象可以定位为专家或领导者。

专家定位即老板要树立在行业内的专业形象，成为行业内专家级的老板。老板的专业即代表了产品专业，如果消费者对公司没有认知，但是对公司老板有认知，那么就会对公司和产品产生信任。如提到手机就会想到乔布斯，提到海尔就会想到张瑞敏，提到联想就会想到柳传志一样。

上汽通用五菱"跨界"背后的硬核担当

"破解难题,唯有自己造口罩。"该公司的决定并非"突发奇想"。"我们拥有一支强大的项目研发团队,以及完整的供应商体系资源,可以调动供应商资源生产口罩,在最迫切的缺口处为抗疫做贡献。"

2020年,一场突如其来的疫情让上汽通用五菱的"跨界"之路走得非比寻常。

疫情还没有得到完全控制,疫情防控依然是最为紧迫的任务,在抗疫一线,医护人员昼夜奋战,提供口罩等防控物资仍然是当务之急。

为此,五菱开始生产口罩,尽自己的努力为抗疫一线提供更为坚实的防控物资保障。五菱第一批生产100万只口罩,优先交付柳州市政府统一调配,用于支援抗疫一线。五菱官方微博声称,五菱牌口罩只赠不卖。

"人民需要什么,五菱就造什么。"危局之中,尽显实力,也尽显担当。若公司老板没有领袖担当,没有大格局,如何在行业不景气的时候做出利国利民的决定呢?

老板形象设计要内外兼修，既要注意外在形象又要注重内在素养。外在形象主要是仪容、仪表、交际礼仪等。老板的言谈举止和气度风范比着装更具魅力，内在素养尤为重要。在新商业经济时代，老板的交际能力、演讲能力已经成为标配，因为老板是公司最好的传播者。

周导说盈利新三十六计之明星计

老板作为公司的形象代言人,对扩大品牌知名度、认知度,建立品牌美誉度和忠诚度起着非常重要的作用,因此老板要明确自己的定位,内外兼修。

三十六计第二十思

做好自我定位,

并策划自己的对外传播 IP。

互联网打法从做会员切入

第二十一计 会员计

周导说，充值打折不是会员，会员购买的是一种生活方式。公司应设计完善的会员体系，会员应该归公司文化部门管理，顾客归产品部门管理。得会员者得天下，没有会员基础，无法实现用户价值的转化。

一

会员制是一种人与人或组织与组织之间进行沟通的媒介，它由某个组织发起并在该组织的管理运作下，吸引客户自愿加入，目的是定期与会员联系，为他们提供具有较高感知价值的利益包。

会员是与顾客建立连接比较好的切入点，建立会员体系的目的是把会员升级为用户。互联网公司是通过爆品与客户产生连接，获取大量用户，而传统公司是直接销售产品，首先获取的是顾客数。

传统经济是富翁经济，主要看企业赚了多少钱；互联网经济是负翁经济，即使尚未盈利和持续亏损，也能够上市并获得高额估值和巨额投资。

某巨头互联网电商平台虽然已经上市5年，但是还未实现盈利，甚至连年亏损，但是现金流和市值却一路高歌猛进，也一直备受投资公司的青睐，这也是互联网公司普遍存在的现象。京东2014年5月在纳斯达克上市时，投资者给出160亿美元的估值，共募集17.8亿美元。然而京东至今为止尚未实现盈利，2014财年京东更是亏损49.9亿元，成为IT、互联网行业亏损最多的企业。持续亏损但获得投资者青睐的互联网公司并非只京东一家，类似的互联网公司屡见不鲜。新浪微博与京东同年在美国纳斯达克上市、是另一家持续亏损却获得40亿美元估值的互联网公司。除此之外，还有途牛网、优酷网也都名列在美上市却持续亏损的中国互联网公司名单之上。

"亏损上市、尚未盈利却市值很高"的景象，在传统经济看来不可思议，在互联网经济中却见怪不怪。因为互联网时代的估值方式发生了变化，互联网公司的关键不是赚了多少钱，而是集聚了多少用户。

1. 互联网公司直接获取用户数

传统经济的估值是基于公司的现金流及收益率，在综合考虑时间和风险因素的基础上评估公司的价值。

互联网经济与传统经济属性不同。互联网经济是一种纯粹的信息经济，它摆脱了土地、设备、厂房等物理条件的束缚，无须大规模的固定资产投入即可大力发展虚拟经济；互联网公司追求的是用户数量的积累，且用户数量容易在短时间内实现爆发式的增长。也正因如此，互联网公司改变了传统企业的估值方式。比如，谷歌可以通过增加服务器容量来为数十亿的客户提供相同的服务，但一家审计公司想要服务更多的客户，就要增加员工数量并扩大办公空间。所以，专业服务公司工资和办公费用的增减与收入是相匹配的，所以它们的会计报表准确地反映了某段时期创造的盈余。

但对于互联网公司而言，构建网络平台的成本在最初几年的财报里面显示为支出多而收入很少。在以后的几年里，当它们在一个既定的平台上真正赚取收入时，财务报表里的费用就很少。所以在这两个阶段，会计的收入计算并不能真实反映公司的成本。

互联网经济是一种纯粹的信息经济

因为互联网公司在主营业务上是不盈利的，当获得用户以后，就会在后端业务上持续盈利，如广告、游戏、金融等。这也是互联网公司在前期会有一个亏损阶段的原因，亏损一般会持续三到五年。美国贝索斯先生创办的亚马逊平台已经亏损20年，但亚马逊平台依然有它的市场价值，所以互联网公司追求的是用户的终身价值。

而大多数传统公司因为资金问题是无法承受多年的连续亏损的，所以传统公司一般从顾客获取开始，再升级为会员，最后发展成为用户。

2. 传统公司从获取顾客入手，再升级为用户

传统公司的盈利思维是先做产品，再通过降低成本、提高收入来获取更高的利润。传统公司认为赚钱的是产品本身，并没有关注用户需要的是什么、用户痛点是什么。比如，做美容行业的公司认为盈利的是化妆品，做大健康行业的公司认为盈利的是某类保健品……但是，今天的用户需要的是能让生活变得更美好的解决方案。

所以要根据不同的用户需求，提供不同的生活方式，比如，针对爱美的女性可以成立女神会，针对爱养生的人群成立健康课程会，针对喜欢理财的客户成立富圈会等。然后根据不同的用户群体或组织建立会员体系，如100元的会员费用，赠送200元代餐券或200元保险产品，或者其他产品的体验券。只有具备成体系的会员体制，才能更好地经营会员，拥有了庞大的会员群体之后才能逐渐将之转变为用户群体。

经营会员是大部分传统公司获取用户的最佳切入点，既能实现短期内盈利，又可以像互联网公司一样实现长期的后端盈利或跨行业盈利。

一家开在大学附近的烧烤店，老板投资 100 万元，但是营业第一个月推出的新店优惠活动充值就超过了 100 万元，仅用一个月就赚回成本，而且在接下来的连续 3 个月还盈利了 200 万元。

他是如何做的呢？

第一招：引流获客。客户消费 5 元即可成为会员，享受 98 元套餐，通过 1 带 1 的裂变方式吸引了第一批会员。

第二招：会员充值 500 元，一个月内不限次数吃双人套餐。引导会员第二次充值。

第三招：会员再充值 500 元即升级为高级会员，终生进店用餐就送 30 元爆品羊肉串，引导顾客升级为会员。学生觉得终生进店用餐就送羊肉串非常超值，作为烧烤必点单品的羊肉串是一个锁定客户的产品，所以学生很情愿地再次充值。这其实是增加了会员到店消费次数，使其逐渐成为烧烤店的用户，而且学生每次到店的消费额都会比 30 元羊肉串高一些。

羊肉串虽然没有利润，但是提高了用户的消费频次，所以可以实现 1 个月回本，3 个月连续盈利。

周导说盈利新三十六计之会员计

传统公司最容易获取的是顾客，通过设计一套会员体系，使顾客成为会员，最终升级为用户。而互联网公司直接获取的是用户，通过主营业务不盈利，锁定用户的终身价值，再通过后端业务实现持续盈利。

三十六计第二十一思

设计一款使顾客成为会员的爆款产品和一套会员升级体系。

用积分机制留住用户

第二十二计 积分计

积分的意义在于发行企业内部的货币，打造资金沉淀时间以及未来资金使用的杠杆，让企业成为数字银行。消费、转介绍都要给客户积分，并且积分可兑换产品、服务、旅游等。要把传统的提成、提现方式转变为积分制、兑换制、晋级制，让他人成功。

一

1. 用积分留住用户

积分是商家常用的一种营销方式，作用是引导、刺激消费者多消费，例如商场的购物积分，全球通电话使用积分等。

在讲述积分计的逻辑之前，首先了解银行金融系统三大要素。

银行金融系统包括三大要素：第一是信用，第二是杠杆，第三是金融工具。

信用，人们愿意在银行储蓄是因为对国家部门银行的信任，所以金融系统最先经营的就是信用。

杠杆，是指将借到的货币追加到用于投资的现有资金上。存储到银行的货币成倍甚至成百倍地增长，就是通过杠杆的原理实现的。

金融工具，亦称信用工具或交易工具，资金缺乏部门向资金盈余部门借入资金，或发行者向投资者筹措资金时，有一定格式的、确定债务人的义务和债权人的权利的书面文件，是具有法律效力的契约。比如承兑汇票，到银行贷款 100 万元，没有支付现金却给了一张承兑汇票，承兑汇票已经表明了债务人偿还贷款及利息的义务。

这与人们所讲的积分营销有相通之处。

积分营销的本质就是"吸粉"，培养忠诚客户，帮助企业定位核心客户，并对客户进行细分，进而采用分级服务和分类营销策略，最终通过客户的重复购买、更多购买及客户口碑来实现业绩增长。**积分计其实是经营用户对企业的信用。**

2. 积分营销发展的三个时代

积分营销 1.0 时代： 企业靠积分和会员权益吸引客户回头。比如一家门店的积分制，顾客在门店消费满 1 000 元赠送 100 积分，下次消费 800 元可用 100 积分抵扣 100 元，实际消费金额为 700 元，再给顾客 70 积分，下次再来消费 500 元可用 70 积分抵扣 70 元，实际支付 430 元，再给顾客积分 43 分，下次进店消费再继续抵扣。

顾客发现这种积分制很有意思，每次到店消费之后都会有钱"剩余"在门店，所以在产品相同时，他们会优先选择到有积分的店铺消费。当客户为了积分多次进店消费时，就可以引导客户储值、成为会员等，增加客户消费频次和用户黏度。

积分营销 2.0 时代： 会员营销即数据库营销，**收集和积累消费者大量的信息，经处理后预测消费者有多大可能去购买某种产品，以及利用这些信息给产品精确定位，有针对性地制作营销策略以达到说服消费者去购买产品的目的。** 如微信、支付宝等平台逐步在改变客户的消费行为，会员忠诚度管理也进入积分营销的时代。

积分营销 3.0 时代： 沟通媒介发生了变化，营销手段也相应要变，但目标是一样的。根据二八比例，20% 的消费者占了 80% 的消费额，这 20% 的消费者就是忠诚客户，是企业的核心客户和资源。他们更易接受企业的消费推荐，愿意介绍新的消费者进店或选择企业。这 20% 的客户是企业发展的基石，也是企业最重要的资产。

周导说盈利新三十六计之积分计

长期以来，营销人员往往把营销的重点集中在争夺新顾客上。其实，与新顾客相比，老顾客才能给企业带来更多盈利，精明的企业在努力发展新顾客的同时，会想办法将顾客的满意度转化为持久的忠诚度，像对待新顾客一样重视老顾客的利益，把与顾客建立长期关系作为目标。企业的发展就在于不断扩大基数，同时把关键客户转化为20%的核心客户，不断循环优化，获得长远良性发展。

积分计作为企业或门店的一种金融工具，首先要经营的是客户的信任度，其次通过经营关键客户使其成为核心用户，通过核心用户带来新的用户增长。

三十六计第二十二思

设计一套会员积分制度。

要给顾客设计晋级游戏

第二十三计 晋级计

给顾客设计一套类似游戏升级一样的晋级制度，级别越高越有趣味性。通过设计晋级体系，可以把顾客、代理商、服务商、员工、股东、老板都加入此体系。任何一个组织的运作，都是一套严密的晋级体系。

一

上至国家层面，下至大中小微企业，甚至小小的门店，都是有晋级机制的。比如，在企业中包括员工、主管、经理、总经理等，在门店中有员工、店长、大区负责人等。尤其在微商体系中，晋级制度更为清晰、系统，可分为董事、总代、一级代理、二级代理、三级代理等各种层级。

所有的组织都是有晋级通道、成长空间的，即使是老板，同样存在着晋级空间。既然老板经营企业，那企业又如何晋级呢？

1. 企业晋级的五个级别

第一个级别为经营事业。所谓经营事业，就是将注意力聚焦到怎么做事上，要做的事情包括研发产品、接待客户、处理员工关系等。每天的工作时长可能持续12小时以上。每天从早到晚全都是事务性的工作，是最低维度的企业经营形式。比如社区内夫妻经营小型超市，从早到晚进货、理货、接待小区顾客等，每天异常忙碌。

第二个级别为经营企业。经营企业的目标就是赚钱，把产品做好，为顾客创造价值，将盈利作为企业存在的基础。经营企业的老板，他的思维模式已经和经营事业的老板不一样了，不再是想着做事，而是想着怎么搞经营提高收入，怎么搞管理降低成本，怎么追求利润最大化，这就是盈利导向。在以盈利为导向的前提下，企业老板开始找人做营销、搞管理，然后开始赚钱，老板将事务性工作下放了，经营的维度已提升为企业而不再是事业。

第三个级别为经营行业。企业老板脱离经营企业的思维逻辑，上升到经营行业这个级别，就会开始思考："在企业经营的过程中，企业获取流量的入口在哪里，我的流量在哪里？"其实，在企业中是找不到答案的，只要跳出企业站在行业的视野看待这个问题，就容易找到答案了。在企业的盈利模式中，前端是与客户产生连接，后端如何盈利则要提前设计好。除了前端、后端，还有中端，中端就是经营和服务。中端与前端获取流量产生黏性，后端才会持续盈利，这就是经营行业的逻辑。经营行业的盈利空间和生存空间很大。

第四个级别为经营产业。产业又称为产业链，分为上游、中游、下游，上游一般指材料、产品、工艺、技术和资源，下游一般指渠道和市场，中游一般指深加工企业或品牌。所以经营产业的盈利思维就是帮助下游企业获得更多的渠道，因为只要渠道数量庞大，就可以去整合更多的上游资源，拥有更低的价格、更好的品质、款式更新的产品等，甚至还可以向上游企业申请账期。同时，还可以并购中游企业和品牌，并且依据不同品牌制定定价体系。

第五个级别为经营商业。提到更高级的经营商业，就要先谈过去、现在和未来的商业逻辑：过去做生意，以产品为中心；今天做生意，以渠道为中心；未来做生意，以用户和用户数据为中心。掌握了这三种商业模式的老板，做各行各业都能实现盈利，例如阿里巴巴、腾讯等都是在经营商业。

一般的老板处在经营事业和企业阶段，一旦商业思维模式产生突破，就开始经营行业和产业了，这样一来盈利空间就非常广阔了。

2. 老板晋级的五个阶段

企业经营存在级别，相应的，企业家也有级别划分，企业家可以分为普通老板、经理、总经理、董事长、董事局主席、控股公司主席。

普通老板以产品为中心，认为赚钱的是产品；
经理级别的老板以内部管理为中心，认为管理才能出效益；
总经理级别的老板以渠道为中心，认为把管理权下放，多找渠道才能获得更多盈利。

这三种老板一般处在行业的暴利期。

董事长级别的老板以现金流为中心，企业内部经营管理由总经理负责，董事长负责融资、追求现金流最大化；
董事局主席级别的老板采取多公司运作、多元化经营模式；
控股公司主席级别的老板以投融资为主，通过金融、用户数据和国际模式实现盈利。

这三种老板是经营未来的老板。

周导说盈利新三十六计之晋级计

无论是企业还是老板都存在着晋级制度，这是因为处在行业发展的不同时期，发展阶段不同。当了解了企业和老板的晋级制度之后，才能知道未来企业和老板本身能发展到哪一阶段。

三十六计第二十三思

设计会员的晋级制度。

商业本质，买卖二字

第二十四计

代理计

今天的销售已经不能依赖员工和代理商，今天最强大的代理机制应该建立在深度开发顾客的基础上，打造各种级别的代理机制，将传统的代理商转型成为服务顾客的服务商，公司的员工则转变为服务型员工。

商业的本质无非"买卖"二字，代理是实现商品买卖的重要途径。过去的代理依赖员工和代理商，而今天将代理做到极致是对客户进行深度开发，也就是将买的人变成帮自己卖的人，使顾客转变为顾客代理，从而实现销售业绩的几何式增长。在这种背景下，之前传统的代理商转型为服务顾客的服务商，而公司的员工则转变为服务型员工。

在前面几计中提到企业拥有庞大的用户数和渠道，就有可持续的盈利空间，那么接下来让庞大的用户群体成为渠道就是至关重要的了。核心点就是让每一位用户都能够分享传播。

代理是实现商品买卖的重要途径

1. 代理主要分为两种：传统型代理、直销型代理

第一种：传统型代理。企业销售产品主要依靠渠道，从省级代理、地级代理、县级代理到各门店代理，主要代理的是产品。

传统的代理模式是厂家把产品销售给省级代理，省级代理销售给地级代理，地级代理再销售给县级代理，县级代理再销售给店面，每一级代理都想从中盈利，所以销售给下一级代理的价格也是水涨船高，再加上固定成本、人工成本等支出，代理商中间的利润越来越薄。

第二种：直销型代理。主要是把每一位消费过产品的顾客或用户转变为代理。直销型代理的核心在于培训顾客或用户的能力。

传统企业的盈利是成本、收入、利润、投资的逻辑，而直销省去了固定成本和投资，直接把产品从厂商销售给顾客或用户，然后再让顾客或用户通过分享或介绍进行传播销售。

2. 传统型代理和直销型代理的区别

第一个是模式的区别。传统型代理是层层加利，层层压榨，都是为了牟取更多的利益，产品到消费者手里已经加价很多次。直销型代理省去了中间的所有环节，因为消费者才是最重要的，通过消费者分享传播来销售。

第二个是文化的区别。传统型代理的文化是只顾个人利益，每层代理都往下压，下级代理商的成败，上级代理商根本不管。直销型代理的文化：

上级帮助下级得到更多利润，上级会把成功的盈利模式传播给下级，帮助和指导下级，因为上下级是利益共同体。

第三个是产品的区别。传统型代理的产品质量未必最优，但利润空间一定要最大。而直销型代理的产品必须是精品，而且大多是爆品。因为需要靠顾客或用户树立口碑，只有爆品才能让顾客或用户进行分享传播转介绍。

直销型代理需要对客户或用户进行培训，先通过产品让客户有好的体验感，再渗透组织文化给客户，最后让客户对该模式认可。在这三点植入以后，消费者自愿开始跟别人分享，通过熟人分享，客户身边就会有新的消费者购买产品。

比如，客户消费了 2 万元，在以前传统型代理模式下，2 万元都被代理赚取。但是直销型代理模式把 2 万元中的 1.5 万元利润进行了分配，消费者本来仅是购买产品，但是因为得到了好的产品和利润，自然就成为代理。

直销型代理最好的模式就是微商。

今天这个时代存在信任缺失、信息泛滥的情况，信任缺失已经成为现在最大的问题。而信任缺失是由信息泛滥成灾造成的。最后的结果是只相信朋友的推荐，身边朋友说一句话，甚至强过投入 200 万元的广告，顶得上顶尖销售人员一个月的销售术语。假设 100 个顾客中，有 80 个是纯消费者，那么就有 20 个能够帮你分享、传播、介绍，再从 20 个里面筛选出 4 个成为你的代理商，你的销量自然就上来了。

周导说盈利新三十六计之代理计

代理计的核心是把顾客或用户通过分享、传播、介绍发展成为渠道。首先产品要做到精品,其次要有真诚的组织文化,最后要对顾客或用户进行培训。

三十六计第二十四思

设计一套好的奖励机制,
把忠诚的客户转化为直销型代理商。

让每个员工都成为创业者

第二十五计 创客计

把公司每一个有盈利能力的项目拆开变成独立的事业部,事业部制是公司化运作的前奏。将项目打造成为企业银行,深度挖掘企业背后的隐性机会和无形价值,就是打造企业银行的最有效手段。

一

1. 用乘除法盈利方式管理员工

在行业的暴利期,也就是产品稀缺的时期,企业注重的是内部管理,因为在这个时期需要大量员工按照标准化、流程化过程去生产产品,通过管理提高工作效率、降低成本。所以这个时期,管理能力往往决定着一家公司的竞争能力。

在行业进入微利期和无利期的时候,稀缺的已经不再是产品或品牌,稀缺的是用户和渠道。如何能够整合更多的社会资源和人才资源进入公司,帮助公司获得更多的用户和渠道,这才是关键。在这个时期,公司管理已经需要更新和迭代了。

创客计使用乘除法盈利方式，创新性地进行有效的管理。乘除法盈利方式是平台型公司的运营、管理及营销思维。此盈利方式与企业的规模无关，与公司经营的产业无关。平台型公司往往帮助合作伙伴提高盈利，通过多个合作伙伴的盈利实现自己公司的盈利。即让每个人都成为创业者，每个人都在为自己赚钱。

使用创客计后会发现企业的盈利方式发生了改变。原来是着重研究提高收入、降低成本，也就是加减法盈利。而现在的重点在于如何设计更好的方案帮助员工更好地盈利。通过提供方案，帮助更多员工和用户创利，来轻松实现公司的整体增收。

以上就是从公司的角度来实施创客计。公司扩大规模、增加盈利是融进更多的外部资源，而不是停止内部资源的裂变。即找到更多拥有顾客资源的人，把他们发展成为合作伙伴，让他们也一起销售产品。通过内部和外部的乘除法盈利，来促进公司客户流量的涌入，与其他合作伙伴实现共赢。

2. 用代理制或平台制替代传统业务部门

传统的公司管理一分为二：一是业务部，一是服务部。业务部主要负责赚钱，服务部主要负责做事。采用创客计的管理方式，对业务部用代理制、平台制或者合伙制来替代传统管理。这里涉及两个问题：能够营销产品的人才资源在哪里？可以购买公司产品的顾客在哪里？

每个人身边都有很多亲戚、朋友、同学、老乡，或者一些很有影响力的人，比如某企业的关键人物。把这些人的能量和资源聚集起来，就实现了营销人员和顾客资源的整合。下面三种合作体制是通过发展公司内部合伙人，设计好盈利的模式，让合伙人带着模式去寻求更多的外部合伙人。

代理制： 让企业员工成为公司的代理，员工赚取差价。可以让员工通过代理的方式找到更多的渠道，为公司提供更多的渠道资源。

平台制： 把公司升级为平台，让员工成为平台的渠道或者"门店"，让员工用最低的价格、最好的品质拿到产品，提高员工的盈利空间；公司与上游企业谈合作，帮助企业提高产品价值，然后再收取服务费用。

合伙制： 把员工变成公司的合作伙伴，以入股占比的形式，让员工与公司成为利益共同体，这样员工就是站在公司的平台上进行创业，经营投入程度和忠诚度更高。比如，公司全部股份占比为公司占51%，员工占49%，用这样的合伙制度吸引更多的人才进入公司。

通过合伙制的形式融进公司的资金，可用于服务部门的建设，执行三高管理法，即高收入、高要求、高水平。

创客计的核心就是用乘除法盈利方式管理员工，使员工与公司成为利益共同体，共同经营企业。

周导说盈利新三十六计之创客计

三十六计第二十五思

为员工设计一套创业奖励机制。

老板须知的十种股份类型

第二十六计 股份计

周导说

企业与员工的强关联是工资，企业与资源的强关联是股份。利用股份制的各种技术，连接企业的各方利益体，共同朝同一个目标迈进。今天的老板不能当股盲，股权是企业经营的"核武器"。打造利益共同体，实行全员股东化、设置股东卡等，通过股份的形式把公司外部的资源融入公司内部。

——

在之前的讲述中讲到公司有两种角色，分别是董事长和总经理；公司的团队也分为两种，一种是员工团队，一种是股东团队。

在公司出现盈利问题的时候，大多数公司会认为是选择的行业进入了微利期或是无利期，无利可盈；管理出现问题，效率不高，产出比低……但实际上，最核心的问题是董事会融资金、融资源、融人才的能力不行。跟员工产生连接的形式是工资，而与资源产生连接的形式是股份；对于前者要通过提成奖励的方法形成激励机制，而对于后者要通过股份制的形式达成合作。

传统的盈利方式是以产品为中心，产品是用来赚钱的，所以作为公司或门店老板，主要精力投入在从上游企业采购产品，再销售给终端门店或顾客，然后赚取差价。在这种盈利模式中，采购、招聘员工、广告推广、监管产品数量和质量等一系列事务性工作，占据了老板大部分时间。传统盈利模式是建立在产品稀缺的背景下，如今已经进入用户和渠道为王的时期，如何运用股权融资的方式，将这些事务性的工作交给其他人来做是值得我们思考的。

1. 利用股份制达成合作，省去管理精力和成本，只要出资就可以赚钱

股份制亦称"股份经济"，是以入股方式把分散的、属于不同人所有的生产要素集中起来，统一使用，合伙经营，自负盈亏，按股分红的一种经济组织形式。

A 公司通过传统盈利模式赚取上下游的产品差价（30 元 / 件），每年预计销售 100 万件，每年盈利 3 000 万元。A 公司拿出 1 000 万元通过股权合作的形式设计一套模式：

A 公司与 B 公司联合成立一家发货公司 C，产品仓储、发货和物流等交给 C 公司进行管理，B 公司作为 C 公司的管理者，出资 200 万元并且持有 C 公司 40% 的股份，并获得 C 公司 20% 干股，A 公司**盈利之后先让 B 公司回本 200 万元**。

B 公司的盈利：

（1 000 万元 −200 万元）× 20%=160 万元；

（800 万元 −160 万元）× 40%=256 万元；

160 万 +256 万 =416 万元。

通过股份制合作形式，A 公司不需要投入资金修建仓库、招聘员工来管理，省去了精力和成本；而 B 公司不但收回了 200 万元的投资，而且盈利 416 万元，最终实现了双赢。

这是针对供应链上游采取的股份制合作形式，对于供应链下游同样可以复制对供应链上游的合作模式进行股权合作，和代理商成立合资公司，使其成为合资公司的事业部，负责代销货物的工作。这样既增加了公司可以利用的资源，也节省了代销货物的管理精力和成本。

2. 股份制合作的优势

(1) 通过股份制公司这种财产组织形式，可以把不同形式、种类的资本组合在一起，形成资本集聚，充分发挥社会资本的力量。马克思指出："假如必须等待积累去使某些单个资本增长到能够修建铁路的程度，那么恐怕直到今天世界上还没有铁路。但是，通过股份公司转眼之间就把这件事完成了。"

(2) 通过股份制公司这种财产组织形式,可以把不同性质的所有制经济,甚至完全对立、矛盾的所有制经济组合在一起,形成"你中有我,我中有你"的混合所有制经济,共同推进生产力的发展进步。

(3) 通过股份制公司这种财产组织形式,可以把分散的、不同层次、不同水平的生产力迅速联合成为集中的、高层次的、集约的社会生产力,真正构造成跨地区、跨行业、跨所有制、跨国经营的大企业集团。

(4) 通过股份制公司这种财产组织形式,可以为建立产权"归属清晰、权责明确、保护严格、流转顺畅"的现代企业制度奠定良好基础。使企业真正具有法人财产权,可以独立运用和经营所有者投资形成的资本。

(5) 通过股份制公司这种财产组织形式,可以形成新的监督和激励运作机制。

3. 通过股权激励让全员成为利益共同体

与企业合作可以采用股权制来实现融资金、融资源。那么与企业的高管、员工合伙人等可以采取股权激励的形式合作,也就是干股计中所讲的激励形式。股权激励,也称为期权激励,是企业为了激励和留住核心人才而推行的一种长期激励机制,是目前最常用的激励员工的方法之一。股权激励主要是通过附加条件给予员工部分股东权益,使其具有主人翁意识,与企业形成利益共同体,促进企业与员工共同成长,从而帮助企业实现稳定发展的长期目标。

(1)股权激励有利于公司留住人才、约束管理人才、吸引聚集人才。

例如,华远地产股权激励制度采取股票期权为激励工具,激励对象为管理人员和普通员工,激励总额为3 000万股,其中高层管理人员共持有100多万股,员工从1万股到10多万股不等。公司实施股权激励之前两年的平均员工流失率为15.7%,实施之后两年的平均员工流失率降为12.1%。这样使员工和经理的个人经济利益与公司的长期利益紧紧连在一起,提高他们的工作积极性和主动性,也可以有效地减缓员工流失。

(2)股权激励有利于公司降低人力薪酬成本和激励资金成本,还有利于实现公司的快速发展及股东利益最大化。

例如,万科公司的业绩奖励型限制性股权激励计划的激励对象为万科公司不超过总数8%的员工,股权激励计划提取激励基金的条件为同时满足公司年净利润增长率超过 15% 和公司全面摊薄的年净资产收益率超过 12% 的双重要求。这会促使管理层更加努力工作，有利于企业的快速发展。

通过股权制达成的合作形式，不但节省了公司的管理成本和资本，而且与员工、合伙人、上下游企业等结成利益共同体，将外部更多的资源引进公司，让公司具备可持续发展的生命力。

周导说盈利新三十六计之股份计

三十六计第二十六思

思考公司与上下游企业、公司高管、员工、合伙人等如何制定股权制合作模式。

100个"萝卜粉"不如一个"钢粉"

第二十七计

钢粉计

周导说

萝卜粉消费，粉丝传播，铁粉做代理，钢粉做事业。100个"萝卜粉"不如一个"钢粉"。企业应该抓取最核心的"钢粉"级顾客。

一

当下最为稀缺的是客户流量，作为流量头部企业的阿里、腾讯、百度等公司每天也面临着流量枯竭、流量被瓜分的问题。对于企业来说，客流量的多少决定了企业可以走多远。过去企业经营的是高额度消费的"大客户"，但是在今天，企业需要经营的是"愿意多花时间、愿意分享传播转介绍"的忠实用户。

传统公司经营客户是按照客户群体的消费能力对客户进行分类的，比如，A类是消费10万元以上的客户，是重中之重维护的客户；B类是消费5万~10万元的客户，是重点维护客户；C类是消费1万~5万元的客户，是需要加强服务的客户；D类是消费1万元以下的客户，是需要培养的客户。公司会把80%的时间花费在经营A、B类客户，也就是有消费能力的"大客户"上。

传统经营方式适合产品稀缺、客流量充足的时代，只要租好店面、开了工厂，顾客和订单就自然上门了。但是在门店和互联网流量都枯竭的时代，销售技巧再高超，没有流量也会没有用武之地，不如用户之间的分享传播转介绍。

在以用户为中心的今天，客户群体要按照对企业的信任度来分类。比如，A类用户能分享和传播给100人，为"钢粉"；B类用户能分享和传播给10人，为"铁粉"；C类用户能随手转发，是"粉丝"；D类用户只消费但是不分享传播，是"萝卜粉"。现在的公司应该把时间花费在愿意分享传播转介绍的用户身上，只有这样才能实现流量增长和盈利增长。

企业需要关注的不是A、B、C类客户的消费金额，而是客户帮企业转介绍了多少客户。比如客户在一家门店购买了日用品，不仅自己消费，还帮助门店介绍了小区里100位邻居来这家门店消费，这位客户就是门店的钢粉。

当客户流量达到一定量级的时候，就会按照一定的转化率产生盈利了。但是没有量的积累，何谈"转化率"呢？所以在今天，企业首先要用专业性把产品和客户服务做到极致，让用户得到超值的用户体验，打造企业良好的口碑，这样用户才愿意分享、传播、介绍，只有用户数增大了，才能提高转化率，才会实现盈利增长。

小米公司是一家专注于智能硬件和电子产品研发的全球化移动互联网企业，同时也是一家专注于高端智能手机、互联网电视及智能家居生态链建设的创新型科技企业。在商业竞争如此激烈的年代，诸如诺基亚这样的大公司、大品牌都倒下了，小米却活了下来。这与小米在客户转化上下功夫分不开。下面就以小米在社群营销上的做法为例，简要说明小米公司是如何转化客户的。

❶小米通过三个办法调集粉丝：运用微博获取新用户；运用论坛维护用户活跃度；运用微信做客服。这样做可以积攒客户流，为后来的盈利打下基础。

❷开发MIUI时，让米粉参与其间，提出建议和需求，由工程师改进。这样做不仅可以让用户参与进来，极大地增强了用户的主人翁感，还可以提升产品质量。

❸小米通过爆米花论坛、米粉节、同城会等活动，让用户固化"我是主角"的感受。这样做可以进一步拉近客户与企业的关系，让"萝卜粉"向粉丝、"钢粉"迈进。

❹小米从领导到员工都是客服，都与粉丝持续对话，有问题第一时间解决，让其觉得自己是被重视的。这样做可以保持企业与客户的联系，加强客户体验，抓住老客户，吸引新客户。

周导说盈利新三十六计之钢粉计

现在的社会已经不是一个流量与客户都充足的时代，与过去的卖方市场大不相同，如今需要换一种思维去经营才能取得成功。过去用的是"割韭菜"的逻辑，即看到一片韭菜时，想到的是怎么才能割到最好的，就像最开始的时候商家总是瞄准最有消费能力的客户；而如今应该瞄准那些愿意分享的人，重点不是这些人能消费多少钱，而是能介绍多少人。

这需要企业重视自己的知名度和美誉度，只有这样才能赢得用户的信任，才会有越来越多的"钢粉"产生，才会有越来越多的流量。

过去的销售逻辑是先建立知名度，再建立美誉度，最后树立品牌。今天的销售逻辑是先建立信任度，再建立美誉度，最后形成知名度。

三十六计第二十七思

制作公司"钢粉""铁粉""粉丝""萝卜粉"客户分析表。

让客户主动分享并能快速回本

第二十八计 回本计

商业模式设计三点核心要素：让投资者可以只赚不赔，让代理商可以不用卖货，让消费者可以消费回本。免费模式是一套新的盈利系统，是企业整合资源能力的一种体现。看得见的前端是免费模式，看不见的后端是生态盈利模式，只有整合好新的盈利项目、新的资源，才能推行免费模式。

一

所谓回本计就是企业要去设置一种制度，让消费者在购买产品以后，把消费的金额再赚回去。

健康行业中的某家以酵素产品为主的企业，经营多年，业绩一直平平，没有特别大的起色。企业从种植蓝莓到开办工厂，再到品牌建设、开连锁店、经营电商等，都进行了投资，收入是在逐年增加，但是利润空间越来越小。经过一段时间的调研，这家企业的老板认识到，消费者才是企业生存的根本，只有拥有庞大的消费群体才能实现盈利增长。这位老板设计了一套全新的商业模式，使企业经过2年的时间实现了10亿元的营业额。

消费者在购买企业的商品之后，企业应把消费者的消费视同对企业的投资，并按一定的时间间隔，把该企业利润的一定比例返还给消费者，这是消费资本论。上述企业老板采用的就是按这种方式设计的商业模式。3瓶酵素定价4 800元，他把4 800元的一半作为成本投入，另外一半用来让客户回本，回本方式是：客户消费满4 800元，厂家拿出20%的消费额返还给客户，使客户回本；15%分配给乐于分享传播转介绍的客户；10%分配给转发推广客户的管理者；5%分配给培训和管理转发推广客户的领导者。凭借这么简单的一套模式，不到2年的时间，该企业的营业额就达到了10亿元。虽然产品还是那个产品，但消费者认知改变了，结果也就不一样了。

回本计的商业模式就是，让投资者可以只赚不赔，让代理商可以不用销售产品，让消费者可以消费回本。

在一个案例中，商家首先通过卖门窗赠红酒的方式提高客户进店的概率，客户不但消费该产品，同时还能通过该产品获取更多的收入，甚至高于自己的消费金额，这就是一种简单的回本模式。

回本计是成体系的，主要划分为五个阶段的模式。

1.0模式：如果客户买a产品，就送他b产品。比如客户消费1 000元咖啡，就送他1 000元服装；如果客户消费6 000元买车险，那就送他6 000元的汽车保养。

以心换薪

为了让更多客户选择并体验铝包木门窗产品,也为了回馈老客户多年来对XX品牌的支持和厚爱,特制定本奖励办法。

老客户介绍新客户成交即获佣金!

▶ 一、活动对象
所有已经购买并使用XX门窗的客户。

▶ 二、活动方式
1. 老客户介绍新客户到天猫、京东XX门窗旗舰店缴纳定金,定金缴纳不退回的,老客户可获得公司定制意大利进口红酒礼盒一个(价值666元);
2. 老客户介绍新客户一次性线上下单满20平方米的,获得介绍佣金2 000元,依此类推,门窗成交订单面积越大,佣金越多,最高可获得10 000元现金奖励。

只要您购买且使用过铝包木门窗产品,即可参加此活动,通过介绍新客户获得高额佣金!
活动最终解释权归XX门窗所有,赶快参与进来,以心换薪!

2.0 模式：推荐到一定人数可以收回所有消费成本，即回本的模式。

3.0 模式：客户不仅能回本，参与分享传播介绍的客户还能赚钱。

4.0 模式：会员制增值，不仅能回本、赚钱，还能让客户消费的资金增值，通过打造一个平台，让客户也能够创业。即锁定一个人卖他无数次。

5.0 模式：通过金融模式实现财富自由，把未来能赚到的钱提前到今天变现，通过金融的模式来经营。

五种模式就是五条维度：1.0 模式是产品维度，2.0 模式是产业链维度，3.0 模式是行业维度，4.0 模式是生态维度，5.0 模式是金融维度。

回本计的核心就是设计一套商业模式，让客户不仅可以收回消费的资金，也能通过分享、传播、介绍赚钱，还能在公司的平台上创业，最终实现财富自由。

三十六计第二十八思

设计一套回本商业模式。

周导说盈利新三十六计之回本计

用一个爆款打造赚钱的流量入口

第二十九计

爆款计

在产品过剩的时代，爆款产品是作为公司流量入口最好的产品，爆款产品深度挖掘用户的痛点，以极低的价格和高品质的产品与服务赢得客户超值的体验感，来获取客户的信任，让客户资源进行分享传播和裂变，从而成为超级入口。

一

在电子商务领域做爆款产品已经成为标配。比如开一家淘宝店，首先就是打造一款爆款产品，再通过电商营销工具在网上推广，增加客户的浏览量。因为爆款产品性价比高、价格便宜，所以会有大量的客户通过爆款产品进入店铺，爆款产品就是淘宝店铺的流量入口。

爆款产品一定要有让客户强烈直接可感知的卖点，让客户使用之后有超爽的体验感。产品做到了极致，价格却做到最低，把一切利益都让给客户，一切都从客户角度出发。

在流量枯竭的时期，依靠打广告、销售技巧已经不能满足获取流量的需求，所以打造爆款产品作为超级流量入口的方法已经不局限于互联网行业，一些传统企业也在逐渐打造自己的爆款产品。

大家提到对苹果的印象，应是从设计到功能都很高端；而对小米的印象，一定是超高的性价比。在这一点上，小米选择的道路和大多数的手机厂商都不同，小米手机始终秉持着"感动人心、价格厚道"的理念。小米在山寨机横行之际站了出来，也在手机价格昂贵时站了出来。就算是在当今的手机市场，性价比方面也难有手机超过小米。

2011年，小米团队用一款1 999元的小米手机开创了国内智能手机市场高配置低价格的先河。小米手机超高的产品性价比以及深度的粉丝参与感，让用户获得良好的感知和体验，瞬间俘获了大批小米手机的发烧友，也一度成为国产手机销量排名中的No.1。因此，小米手机一度被业内称为销量高、人气高、让用户足够尖叫的爆款产品。

而小米创始人雷军很早就定位小米是一家互联网公司，是通过软件和增值服务赚钱，不是通过硬件。

小米一直都在打造不同时间段的爆款产品。从小米手机系列，到小米移动电源、小米空气净化器、小米插座、小米监控摄像头、小米手环等。依靠爆款产品复制的模式，每一款产品都实现了爆炸式的畅销！

雷军用了"硬件免费"的互联网思维，销售不赚钱的小米手机。一方面赢得了用户的口碑，获得了用户资源；另一方面通过手机这个流量入口，向用户提供付费软件和服务，并通过广告盈利，引导用户购买小米其他产品，从而构成了"硬件＋软件＋互联网服务"的小米生态圈。

小米打造爆款产品就是在打造流量的超级入口，通过爆款产品吸引流量获取用户，再通过后端的软件、广告和其他产品盈利，最后构成生态圈。

一般情况下，打造爆款产品主要有两种方式。

第一种方式是高品质低价格。 当人们对这款产品有认知的时候，如果能够将价格压到极低，那么这就是最简单有效的方法。

有一位开面包店的老板想从星巴克咖啡店把客流量引入面包店，他把一款咖啡成功打造成爆款产品，吸引了大批的客户来到面包店。

星巴克的咖啡定价一般为28元，因为其小资情调和第三空间的定位，一直备受青睐。星巴克的客户大多数为有一定品位且有小资情怀的白领，有较高的收入和品位，且最向往小资情调。

开面包店的老板同样把店面营造出小资情调和第三空间的氛围，咖啡的选料和口味也与星巴克的一致，只是咖啡杯由星巴克的绿色换成了咖啡色，而且定价只有8元。老板还给面包店取名85℃，因为85℃的咖啡口感最佳。85℃的爆款咖啡推出上市之后，把星巴克的流量抢走了大半，成为门店的超级流量入口。虽然咖啡并没有盈利，但是门店的面包产生了盈利，一般客户买一杯咖啡会搭配两款面包。

所以，打造爆款产品的目的是打造流量入口。

第二种方式是高附加值。 当产品不能把价格压到一个比较低的水平的时候，就需要采取高附加值的方式来打造爆款产品。比如燕窝这款产品，价格无法做到极低。所以销售燕窝的公司推出了孕期女性燕窝这个爆款产品，购买燕窝的孕期女性可以获赠孕宝课堂，从中了解燕窝对女性和宝宝的益处，还有很多与孕期和宝宝有关的知识，提高孕期女性燕窝的附加值；同时，如果客户购买了燕窝还可以享受回本政策，既能收获知识又能收获财富。

打造爆款产品主要有四个秘诀：强刚需、微创新、价格差、善于学习。

第一个秘诀——强刚需，为用户创造购买产品的价值，把非准客户变为准客户。

第二个秘诀——微创新，在同类产品中进行差异化设计才能脱颖而出。

第三个秘诀——价格差，一种是产品品质高、价格极低，

周导说盈利新三十六计之爆款计

把利益让给客户;一种是价格最高,把利益分给员工、合作伙伴。

第四个秘诀——善于学习,向同行竞争对手学习,向跨行业竞争对手学习。

爆款计的核心就是高品质、低价格、超预期的体验感、高附加值。打造爆款产品的目的只有一个,就是打造流量的超级入口。

三十六计第二十九思

做好后端盈利的营销路径,为公司打造一款爆款产品。

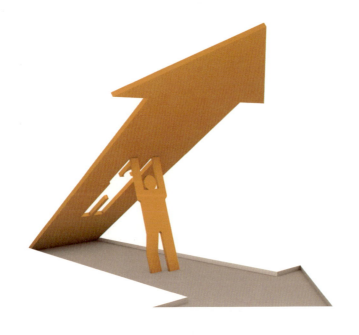

让利会增加用户黏性

第三十计

频次计

给客户让利优惠,让客户持续不断地消费,企业从关注单客的消费金额转向单客的消费频次。让用户产生黏性才是实现可持续盈利的前提,要提供有超值体验感的产品或服务。只有增加前端的引流和终端的黏性,才能收获后端持续增长的盈利。

一

频次计就是增加客户消费频率,保持黏性。

过去,麦当劳和肯德基餐厅在装修布局上都有一个共同的特点,就是桌椅摆放比较紧凑,座椅舒适度不是很高,餐厅的音乐也是快节奏的,这样营造一种快餐的氛围,让客户快速用餐达到快销的效果。这种商业逻辑的前提条件是有庞大的客流量,不缺客户。但是今天各行各业都缺流量,再去看看麦当劳和肯德基的餐厅布局,不但座椅距离增宽,舒适度提高,而且就餐氛围也变得温馨。麦当劳还增加了咖啡和糕点,就是为了用愉快的就餐体验让用户产生黏性,增加用户的就餐频次。

比如一个收费为2万元的美容项目，如果一次性收取客户2万元，那么客户只消费一次就结束了。如果把2万元中的1.5万元利润分出5 000元回馈客户，客户消费2万元的美容项目之后，再赠送给客户5项价值3 000元的美容项目，客户就会再来店消费5次。还可以将赠送的产品再做细分，例如1 000元的项目分为10次价值100元的项目等，这样就增加了客户的消费频次和黏性。在客户后续消费赠送项目的过程中，不能急于推销产品，要提高服务和技术，这样才能树立口碑。客户与门店建立了信任之后，就会帮助分享和介绍新的客户到店。

再比如汽车美容店做一个促销活动，做一个400元钱的贴膜就送20次洗车，贴膜加20次洗车的成本，总计200多元，但客户贴了一次膜，还得回来洗20次车，增加了客户的消费频次和黏性。

做生意最讲究的就是要有回头客。如果一次消费给顾客带来很糟糕的体验，或者一次消费就买断了后续服务，那么就很少会有顾客第二次来店里消费。要尽量避免产品单一，将产品与服务融合，增加后续服务的寿命，从而相应增加一些与服务相捆绑的后续营销的机会。

淘宝网就是通过让卖家不断升级，从而对卖家形成强大的黏性捆绑，而且时间积累越久，黏性越强。因为钻石和皇冠意味着卖家在淘宝这个平台已经形成了相当的竞争力，一旦离开淘宝平台，原来积累的竞争力将失效。此外，很多游戏中都会设计升级制度,玩家投入的时间和精力越多,级别越高,黏性就会越强,转玩其他游戏的机会就越小。

在服务业和零售业,常见的捆绑用户的方式是会员等级制度和会员积分制度,通过会员等级或积分再消费时打折或变现,对用户进行捆绑。一旦成功导入用户,就可围绕核心产品或服务,额外为用户提供低价的或免费的附加服务,以此来增加用户的互动黏性。比如海尔会员应用中提供了非常丰富的附加服务,如水质检测、家庭健康等,这些附加服务与用户购买的产品并无强关联,但是对用户很有价值,也是黏性运营的一种策略。

趣头条在上市路演的时候就明确了其发展战略:继续扩大用户基数,加强 UGC(User Generated Content,也就是用户生成内容,即用户原创内容)及社交属性,丰富内容。在用户数方面,趣头条 Q3 继续保持增长,平均月活跃用户数在 2019 年达到 1.34 亿,相比上一年同期增长 105.4%,相比 2019 年第二季度环比净增加 1 460 万;平均日活用户数第三季度为 4 210 万,同比增长 97.7%,环比净增 340 万人。

而对于用户的持续关注不仅体现在数量上,还体现在黏性上——在活跃用户数快速增长的同时,单位日活跃用户平均使用时长保持稳定。2019 年 Q3 日活跃用户平均使用时间为 61.3 分钟,长期稳定在一小时以上。

而用户当中,展现出强劲活跃度和消费力的新兴市场人群,依然是趣头条实现增长的最大推动力。

周导说盈利新三十六计之频次计

所以，今天做生意，一定要考虑通过爆款产品吸引客户，然后通过会员制、积分制或者增加用户消费频次增强用户黏性。在当下做一次性的生意是不能长久的，要做长远的持续性的盈利模式。

频次计最重要的核心是增加用户消费频次。先把人吸引过来，然后持续不断地与用户发生关系，这才是赚钱的真正核心逻辑！

三十六计第三十思

设计一套赠送会员的产品体系。

微商成为各行各业的底层架构

第三十一计 微商计

周导说

每一个微小的个体，都要投入到商业中去。微商的"微"是微小的个体、商店、商业，微商是服务于大众创业的，未来的时代是全民微商的时代。微商不是在朋友圈销售单一的产品，而是深度挖掘顾客背后的人脉价值。微商具有免费化、社群化、服务化、实体化、众筹化、平台化、生态化、资本化的特点。

一

微商是基于移动互联网的空间、以社交软件为工具、以人为中心、以社交为纽带的新商业。微商的"微"有两个含义：一是代表着每一个微小的顾客，商业最微小的单位就是顾客；二是代表着微信，就是发动每一个微小的顾客，借助微信平台进行分享传播转介绍，这种行为就是微商行为。对于大部分企业而言，不论是否做微商，都要有做微商的思维，即发动用户进行分享传播。

因为社交软件具有分享传播的特点，所以社交电商的热度越来越高。某一天，一位常年不联系的老同学、老朋友或者客户突然发来一条信息，打开一看往往不是砍价就是拼团。

目前,购物已经成了一种社交载体,当然,这也是微商行为。

未来几乎所有的产品销售都要借助用户来分享传播,所以说,在一定程度上,微商将会成为未来商业的统称。无论是否做微商,获取流量和推广基本都要通过用户的分享传播。所以微商势必成为各行各业的底层架构。

举一个发生在周导身上的案例:某天周导带着夫人和孩子去西湖游玩,路遇一家很有特色的小店,购物的过程中周导的夫人与老板相谈甚欢还互留了微信,当天只消费了80元购买了2袋牛轧糖。

一个半月之后的某天,夫人递给周导一颗酵素纤维颗粒服用,周导很奇怪她是何时购买的,因为最近没有电商和商场购物记录。她跟周导讲起之前去西湖边的小店买牛轧糖的事情,保健品就是以598元/瓶的价格购买的,并且购买了4瓶,共消费了2 392元。虽然在实体店仅消费了80元,但是店老板通过微信与周导夫人建立了信任度,才产生了后面2 392元的收入。这就是微商。

通过前几计可以看出,"得用户者得天下,得渠道者得天下",但归根结底是得实体店者得天下。最近几年,做微商的人越来越觉得微商不好做。其实是传统微商不好做,如果把微商与电子商务结合,再与实体门店结合,那么,各行各业的微商才刚刚开始。

中国电子商会微商专委会发布的《2016—2020年中国微商行业全景调研与发展战略研究报告》显示,截至2016年年底,微商从业者近3 000万人,微商品牌销售额达到5 000亿元。2017年将保持70%以上的增速,释放出8 600亿元;该报告中的资料显示,美妆、针织、母婴、大健康、农特占据着微商的主要市场份额。

微商经历了速度为王、产品为王、团队为王、品牌为王的阶段,接下来将朝着构建完整微商生态系统的趋势发展,形成完整的商业闭环,上、中、下游相互协作、推进。

上游:供应链→制造业;
中游:品牌公司→代运营TP;
下游:代理商→创业者→消费者。

总结起来,微商可以分为四个时代。

1.0 时代的微商是造势微商。这类微商的朋友圈大肆宣传代理业绩、销量惊人，营业额突破某一新高，这种方式属于 1.0 时代的微商，即天天开招商会、天天刷屏朋友圈。

2.0 时代的微商是实体门店微商。主要是建立一套模式，然后邀请众多门店以期帮助销售产品。例如，一位销售儿童水杯的老板，就是找到了 8 000 家儿童服装店帮助他销售水杯，实现了月销过万只水杯。而实体门店微商其实比社交电商更容易赚钱，因为其启动速度更快，且实体店老板具备销售能力和客流量。又因为实体门店更容易让客户产生信任感，再加上一套完整的商业模式，盈利就容易很多。

3.0 时代的微商是社交电商。就是把电子商务和微商结合在一起，利用分享传播，形成一个电商平台。所以，微商不属于某个行业，因为微商渗透到了所有行业。电商 + 微商的模式在天猫、京东、当当等电商平台都可以见到，比如，用天猫的流量来实现销量，然后通过组建社群的方式对到店客户进行服务，再通过对店铺社群的运营实现流量的裂变和后端的盈利，通过社群发布和发朋友圈告知用户上新、打折和各种福利的消息。

4.0 时代的微商是生态微商。生态微商具有天然社交属性,它的社交属性有聚集用户的能力,比较容易构建一个生态体系,便于多元的集团化运作,进而资本化运作,最后锁定一群人,卖他1 000次。

周导说盈利新三十六计
之微商计

微商 二

三十六计第三十一思

如何利用微商宣传公司产品?

「微商」

消费者 + 传播者
+
服务者 + 创业者

提 前 回 本 ， 还 能 留 住 客 户

第三十二计 预收计

周导说

预收是把未来收益提前变现的一种手段，一定要摆脱传统的割肉型预收方式，利用单一产品进行零障碍预收方式，达到锁定顾客和再次引流的目的。

一

所谓预收，就是预先把钱收进来，计算顾客的延伸性收益和边际收益，最后制定出一个能够打破顾客心理预期的底线。前端建立庞大的蓄客池后，再转换到中后端，实现暴利和中长期盈利，利用预收以点带面。

在此之前，需要先了解两个专业名词，一个是预收账款，另一个是应付账款。

预收账款是指企业向购货方预收的购货订金或部分货款。企业预收的货款待实际出售商品、产品或者提供劳务时再行冲减。预收账款是以买卖双方协议或合同为依据，由购货方预先支付一部分（或全部）货款给供应方而发生的一项负债，这项负债要用以后的商品或劳务来偿付。应收账款是指企业在正常的经营过程中因销售商品、产品、提供劳务等业务，应向购买单位收取的款项，包括应由购买单位或接受劳务单位负担的税金、代购买方垫付的包装费及各种运杂费等。此外，在有销售折扣的情况下，还应考虑商业折扣和现金折扣等因素。

当收到了预付账款而应付账款还在账期的时候，就能有很好的现金流了。

1. 割肉型的预收形式

传统的预收形式是割肉型的，如美发店充值送消费券，但是有些商家为了盈利会偷抬定价。所以传统的预收形式，更侧重于提前收回成本。

2. 新型预收形式

新型的预收形式，首先还是预收资金，保有现金流，但更侧重于将客户留住，增加客户消费频次。

（1）预收现金，返给客户延伸性收益和边际收益。

例如，客户购买一款价值10万元的保险产品，每年需要续费5万元，但为什么还要买保险呢？因为追求的是20年以后能够产生收益。今天把钱付给保险公司，保险公司20年后给客户想要的收益。保险公司就是预收了客户的钱，而20年后才付应付账款，这可以称为砍腿换车。

（2）通过增加消费频次来留住客户，从而产生更多的消费。

例如，一家做餐饮的店，客户消费满498元，可以享受充值200元购买原价100元的A菜品4份。因本次消费中已经包含价值100元的A菜品一份，所以只要再充值100元即可获得3份A菜品。对这家店来说，让客户充值100元就相当于预收款，不但卖掉了产品，还增加了客户的消费频次。

（3）微商合作。

在教育培训领域，流量竞争异常激烈。大部分培训机构吸引流量是通过免费的公开课，通过名师在公开课中的精彩表现吸引住客户，再由专业的客服跟进为客户量身定制课程，最后促成客户转化下单。其盈利方式基本上都是采用预收的形式。培训机构为了吸引更多的客户，会通过返现、赠课、升级服务等方式让老会员在朋友圈转发课程海报、上课心得和收获等形式，促进新用户的进入。这也是通过预收来保有现金流，同时还实现了流量增加。

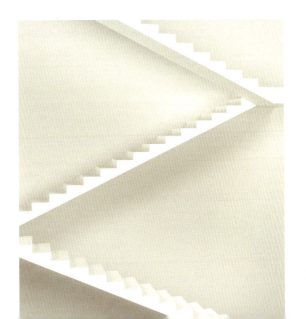

周导说盈利新三十六计之预收计

目前我国的视频产业可以说是腾讯、优酷、爱奇艺三足鼎立,但很多产品会有会员设置。没有会员账号的,可能只能收看一部分资源,或者是需要延期收看。这时就会有更多人购买会员,成为会员后,可能就不止会观看自己最开始希望看的资源,还会在平台选择更多资源,无形中就会购买其他收费项目。这些平台通过月费、季费、年费来锁住用户,实现后续的服务与消费的延续。

预收有三大好处:一是把资金预先收回来;二是增加客户消费频次和黏性,持续锁住客户;三是结合微商让客户分享传播转介绍。

三十六计第三十二思

设计一套预收的模式。

众筹是今天做企业的标配

第三十三计 众筹计

周导说

众筹是向社会大众筹集社会资源的方式。众筹资金只是筹集资源的一种方式。众筹是一生一世的事情，是长期性、持续性的工作，还要多中心化。众筹不仅是自己众筹，还要帮别人众筹。

众筹由发起人、跟投人、平台构成，具有低门槛、多样性、依靠大众力量、注重创意的特征。一般而言是通过网络上的平台连接起赞助者与提案者。

现代众筹指通过互联网发布筹款项目并募集资金。相对于传统的融资方式，众筹更为开放，能否获得资金也不再是以项目的商业价值高低为参考标准。只要是网友喜欢的项目，都可以通过众筹获得项目启动的第一笔资金，这为更多小本经营或创作的人提供了无限的可能。

众筹计，就是向大众筹集资金。

众筹得到的是两种收益：资本型收益和经营型收益。为自己众筹，能力有限、资源有限、势能有限、持续性有限；为他人众筹、帮他人众筹、为他人设计众筹模式方案，可以无限。

1. 资本型众筹

假设需投资 200 万元开公司，但还缺少 60 万元的资金，这时可以采用众筹的方式筹集资金。传统众筹拆散股份，找更多人入股，每人 2 万元，一共找 30 人入股。如果将思路从"自己要众筹"变成"帮他人众筹"，就不需要再投入 200 万元，而是需要设计一套众筹方案。

上市公司一般采用的是资本运作的逻辑。比如 A 公司，它的市值是 1 亿元，每年可以盈利 2 000 万元，因上市需求，2 000 万元的利润会通过市盈率放大到 50 倍，2 000 万元 ×50=10 亿元，通过资本运作，A 公司的估值就达到了 10 亿元。

明明只值 1 亿元，为什么敢于以 10 亿元的估值入股？因为公司具有可持续增长性。假设 A 公司市值 10 亿元，投资者以每股 10 元价格买进，投资了 100 万元，3 个月后，股票价格增长至每股 20 元，收益就增长为 200 万元。

假设一家公司有100万元的资金,还需要融资100万元,通过上市公司的运作方式,把公司的市值做到500万元。将这家公司50%的股份拆分成100份,每份出售价格为2.5万元,通过这50%的股份可以回收250万元。

参与入股的人可以得到两种回报:

第一,持续的分红;

第二,同等价值的产品。

公司将250万元资金分为2笔,第一笔资金200万元,用于投资餐厅;另一笔资金50万,减掉50%的众筹成本,还剩下25万元。通过众筹的方式不但有了融资的100万元,还净赚25万元。

2. 经营型众筹

这种众筹效果是众筹者最希望达到的,其主要目的并不是筹集资金,而是借此制造话题实现筹资源、筹人。因为资源和人就是活动银行,会为企业带来更多利润,这才是可遇而不可求的。

简书是国内一个内容创造社区平台，为广大内容创造者提供了一个追求用文字创造价值的舞台，旨在帮助内容输出原创者寻找出版机会和自媒体的宣传推广。

该平台的定位是写作软件、阅读社区，让原创作者享受沉浸式的创作体验，可以随时随地进行创作，并且可以设立个人的专题，还有私信、打赏、评论、点赞等社交功能。平台有一批专业的出版经理人，会挖掘优质内容策划成畅销出版物，帮助原创作者实现更多的社会价值和经济价值。

平台不但成为原创作者和读者的社交平台、自媒体平台，同时还筹集了更多的人才资源、社会资源、数据资源和资金资源等。这类平台筹集的不仅是资金，更重要的是对经营有长远影响的资源。

周导说盈利新三十六计之众筹计

众筹不是战术而是战略,不是筹一次而是连续筹。众筹的目的是筹集资源,筹集资金只是顺便的。众筹在未来也是企业的标配,最重要的不是自己筹,而是让别人帮你筹集人才、渠道等资源。

三十六计第三十三思

设计一套众筹模式。

联盟是跨行的双赢合作

第三十四计

联盟计

跨行业要联盟，同行业要联合。

一

1. 传统营销策略以产品为中心

要想深刻理解联盟计背后的逻辑，就有必要了解传统营销策略。传统营销策略是 4P 营销策略，也就是产品（product）、价格（price）、渠道（place）、宣传（promotion），通常以产品为核心。

产品，注重开发其功能，要有独特的卖点，把功能诉求放在第一位。企业主要是需要追求两种产品的差异化：第一种差异化叫高精尖，就是说要把产品做到很高端、出精品、很顶尖；第二种差异化叫新奇特。比如刘德华属于高精尖，周导则属于新奇特。

价格，根据不同的市场定位，制订不同的价格策略。产品的定价依据是企业的品牌战略，注重品牌的含金量。定价主要有两种极端的策略，即最高定价和最低定价。

渠道，企业并不直接面对消费者，而要注重经销商的培育和销售网络的建立，企业与消费者的联系是通过经销商来进行的。传统的渠道主要包括线上电子商务和线下实体店。现在的渠道则有很多，比如微商、社交电商、直销、电视购物等。

宣传，很多人将宣传狭义地理解为促销，这其实是很片面的。宣传应当包括品牌宣传（广告）、公关、促销等一系列的营销行为。常见的广告有电视广告、分众传媒广告、报纸广告、杂志广告、户外广告、互联网广告。

通常把广告、促销、推销称为推广三板斧。

传统的营销策略是以产品稀缺的现实条件为基础的，货近客远，一切都要以产品为核心，重点是把产品推向客户。

2. 新型营销策略以用户和渠道为中心

在产品过剩而用户稀缺、渠道稀缺的时期，应以用户和渠道为中心。找到具备庞大用户数、渠道数的人共同合作并形成一个联盟，是解决这一问题的思路。

有一家牙科诊所为了吸引客流量，把无痛洗牙作为诊所的爆款产品，定价为298元，其成本为30元。为了扩大客流量，牙科诊所与服装店联合做一次促销活动，推荐服装店的客户到牙科门诊进行洗牙，一旦客户消费了298元的洗牙项目，就可获赠300元的服装店消费券。牙科门诊留下洗牙项目30元的成本，其余268元分给服装店。

对于客户来说，不但可以保养牙齿，还可以得到300元的代金券；对于服装店来说，推荐一位客户消费洗牙项目不但可以获利268元，还可以增加客户购买服装的频次；对于牙科诊所来说，洗牙项目保住了成本，而且增加了客流量，还可以通过如拔牙、镶牙、补牙、牙齿贴面等产品盈利。通过这样的方式，服装店与牙科诊所两个不同行业的主体就形成了联盟。

实施联盟计基本的前提条件是"**跨行业、同客群**"，核心点是把不同行业的非顾客变为准顾客。

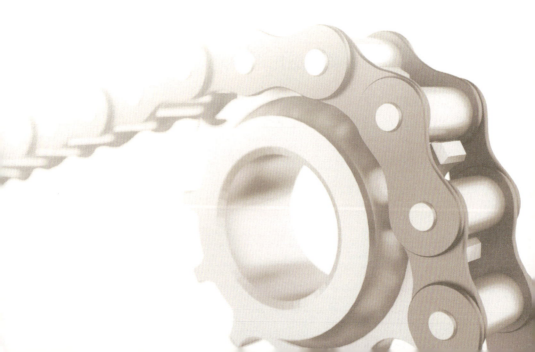

旅行社+恒基地产开发公司+奔驰汽车4S店+人保财险公司。

康辉旅行社为了提高企业营业水平,增加客户,拓展销售渠道,达成企业销售额,开始通过联盟方式与其他公司合作。与人保财险公司联盟合作,双方店内摆放对方活动展架及宣传单,设置业务员进行引导,提供优惠的政策给保险公司员工作为福利,激励员工完成业绩。公司优秀员工可获得新马泰15日游;并组团看房恒基新居,统计员工购房意向,享受团购价。与恒基地产开发公司联盟合作,新楼盘预售,双方店内摆放对方活动展架及宣传单,设置业务员进行引导,全额交付房款的前50名可获得云南大理7日游,凭借购房协议可到旅行社再领取3 000元出行代金券。与奔驰汽车4S店联盟合作,双方店内摆放对方活动展架及宣传单,设置业务员进行引导,购买奔驰C级可享受港澳台5日游,购买奔驰E级可享受云南大理7日游,购买奔驰S级可享受新马泰15日游,凭借4S店购车发票到人保财险缴纳全险享受5折优惠。通过联盟合作,康辉旅行社在短短2个月的时间内,成交客户300多人次,直接盈利150多万元;而保险公司通过奖励员工出行高额完成了业绩,又提升了汽车保险业务渠道的拓展,还拿到了低价团购房;恒基地产仅仅2周就有了50名全款购房顾客,人保财险又团购了50套房,增加了楼盘预售量;奔驰汽车在此次活动中销售额是往年同期的3倍多。

周导说盈利新三十六计之联盟计

将跨行业的商业主体整合在一起的实质是将分散的各大利益主体共置在一个公共的平台上,消费的一方和产出的一方在这个平台上均能实现自己的利益。其实,联盟的本质是不同行业但具有相同客户群体的商家共同发起的联盟活动,每个商家提供自己的客户资源,通过一套机制进行资源置换。

三十六计第三十四思

寻找3家以上跨行业联盟合作伙伴,制定一套联盟机制。

线上圈子和线下门店结合，形成盈利闭环

第三十五计 圈子计

公司未来会被圈子平台取代。秀你的生活方式，多组织活动，与非顾客发生亲密接触。

一

1. 社群和圈子

社群计又叫圈子计。社群是线上互联网常用的销售渠道，而一般线下的活动叫圈子。

社群，可以指实际的地理区域或是在某区域内发生的社会关系，也可以指存在于较抽象的、思想上的关系。广泛含义可被解释为地区性的社区，用来表示一个有相互关系的网络。可以是一种特殊的社会关系，包含社群精神或社群情感。

圈子，实际上就是物以类聚，人以群分。如汽车发烧友可以加入"汽车圈子"，数码产品发烧友可以加入"数码圈子"，甚至喜欢喝酒的人都可以加入"品酒圈子"等。事实上，很多圈子是通过人们之间的社会行为特征自然形成的，如"社交圈子""IT圈子""演艺圈子"等。而这种圈子的划分，实际上就是对人群进行了一次分类划分，即分众的模式。从营销角度来讲，这样就极易形成一个定向准确的广告投放受众人群，更易实现营销效果。

2. 社群运营

社群，是有共同爱好、共同需求的人组成的群体，有内容有互动，通过多种形式组成。社群实现了人与人、人与物之间的连接，提升了营销和服务的深度，建立起高效的会员体系，增强了品牌影响力和用户归属感，为企业发展赋予新的驱动力。

目前，我国网民规模已接近 10 亿，互联网普及率达到 60% 以上，超过全球平均水平，同时移动互联网经过多年发展已经进入相对成熟阶段。移动互联网的快速发展，已基本使线下与线上融为一体，用户可通过移动互联网随时随地进行互动交流，突破传统的时间、空间等局限。多元化的移动终端和应用服务，使社群功能得到延伸，社群价值得到放大。

根据马斯洛需求层次理论，随着用户的基本需求得到更大程度的满足，其对中层与上层需求的欲望也将加强。互联网社群的发展满足了用户对于人际交往的需求，同时为用户搭建了信息内容获取和娱乐消遣的平台。无论是对于内容创造者还是行业领域大 V、企业来说，社群都是其接触用户、了解用户的最佳方式之一。如果单纯地依靠图文内容，其与用户的互动就只剩留言这一种方法；依靠音视频直播，这种一对多的回应方式无疑给内容创作者们增添了不少的麻烦；而如果直接通过社群来进行用户留存、促活，不仅可以更好地与用户进行互动交流，还可以基于社群进行内容产出，提升用户体验，使内容的创作与分发同步进行。

移动社群工具按功能可大概分为三类:一类是以微信群为代表的实时交互社群工具,满足了即时沟通的需求;一类是以小密圈、孤鹿等为代表的异步交互社群工具,满足了信息沉淀、深度交流的需求;还有一类是以千聊、小鹅通等为代表的社群直播工具,满足了知识共享、变现的需求。

2020年,突如其来的新冠肺炎疫情给了实体零售业"当头一棒"。疫情期间,线下客流减少,而以线下门店为主的名创优品1月业绩下滑了30%,同时,在2月关闭了全国50%的门店,业绩下滑了95%。为了"自救",名创优品开始拓展线上社群业务。线下门店内客流稀少,音响循环播放着希望客户加入线上社群的广告语,扫码加入名创优品社区微信群可以获得不定期优惠。

从商业逻辑来看,名创优品以门店为核心拓展客群,通过店员不定期在群内发放优惠券来增强用户黏性。配送方面,门店与顺丰达成合作,五公里内采取同城配送,五公里外采用快递。如果是同城配送,可以做到在下单后两小时内送达。购物满一定金额,可以免收快递费。

有声音质疑,名创优品以线下体验式场景为核心竞争力,在发展线上商城后会削弱这样的优势。一般而言,线上商品会比线下便宜,从而让线下门店失去优势。为了避免上述情况,名创优品在优惠商品的定价策略上花了小心思。

门店针对线上、线下制订的优惠方案并不统一。以当前的优惠商品为例,线上漫威产品有五折优惠而线下没有,线下毛绒公仔有"买一赠一"的活动而线上没有。因此,消费者不论是在线上下单还是在线下购买,都能获得一定的优惠。同时,由于优惠政策的差异,线上购物并不能完全替代线下,线下体验优势依然存在。

3. 圈子店商

新零售有两种形态：一种是电子商务与线下实体店相结合，比如盒马鲜生在线上拥有电商平台，在线下发展有实体门店；小米在线上有小米有品，在线下发展小米之家等，均采用了线上线下结合的发展模式。线上的电子商务平台结合线下的实体门店，这叫平台电商。

新零售的另外一种形态，是圈子和实体门店相结合。未来实体门店主要会赚两种钱：一是经营门店赚钱；二是经营店里的会员，把顾客做成圈子，进而产生盈利，也就是圈子店商。

纯粹的实体门店在今天想盈利是很难的，必须把圈子、门店结合在一起，通过圈子聚集流量导流到门店，再通过门店聚集顾客导流到圈子，再次变现，形成一个流量变现的闭环模型。做圈子店商有两个核心人物，一位是门店的店长，一位是圈子的会长。

人们不是为了产品而去买哈雷摩托，而是为了进圈子。对此不感兴趣的人会认为买哈雷又贵又费油又不实用，但是在哈雷车友群内，大家觉得其乐无穷。想通过实体门店的用户群体实现用户裂变和持续性盈利，就要把用户划分为不同的圈子，再加以经营。比如美容院把30位皮肤保养比较频繁的女性客户划分为一个圈子成立女神会，这个圈子的人对皮肤护理是非常感兴趣的。美容院的店长如果以护肤为主题经常组织话题和活动，那么这30位客户就会邀请与自己同样关注护肤的新朋友到活动中来，客流量就会通过圈子迅速裂变。美容院可以再组织一个圈子成立女王会，也可以找到其他美容院组织一个圈子，然后把女王会的客流量导流到其他美容院，把这套方法复制给更多的美容院，收取导流费用，就可以通过圈子盈利。

周导说盈利新三十六计之圈子计

圈子计的核心是"人以群分",圈子营销的核心纽带是人与人之间的关系,基本构成是产品、传播、服务三个要素。圈子营销的核心抓手是人际关系,扩散方式是群裂变,最终目标是提升整体销量。三者各有侧重,不可偏废。圈子营销的实质是返璞归真,把营销聚焦到人与人之间的关系上,通过产品聚拢认同的人组成社群,通过服务经营好圈子成员之间的感情,通过一个个的成员去影响其身边更大的群体,再为新的群体提供更合适的产品,周而复始,不断扩大品牌的影响力。

三十六计第三十五思

根据用户不同需求构建社群和圈子矩阵。

分 拆 是 企 业 做 大 的 不 二 法 门

第三十六计 分拆计

通过分拆产品把产品做大，通过分拆业务把公司做大，通过分拆资本把现金流做大。

一

企业在发展过程中，很少是通过分拆做大做强的，但是如果没有通过分拆的形式做大，很容易在现金流上出现风险。所以在这种情况下，企业做得越大，风险就越大，如果再加上不会经营管理，就会造成人才、资本和资源的缺失。

分拆计即从产品、业务、资本方面对企业进行横向分类、纵向分层，使公司能够融合更多的人才、资金和渠道，迅速发展，降低因经营管理不善导致的现金流风险，减少人才、资本和资源方面的损失。

1. 产品分拆

随着人们需求的变化，细分市场越来越重要。市场的细分需要对产品进行分拆，更精准地强调市场定位，实现产品的多样化。产品分拆的标准有很多。

把一种产品依据用户的不同需求或产品的不同属性分拆成更多细分种类的产品，实现产品的多元化。以香皂为例，过去一块香皂既耐用又便宜，味道芬芳，从头到脚都可以使用。但是随着人们需求的变化和产品属性更加垂直化，可以对香皂做分拆：按照清洁部分拆分，可以分为洗发水、洁面乳、沐浴露、洗手液等；按照功能性拆分，洗发水可以分为去屑、染烫养护等；洁面乳可分为控油祛痘、保湿、美白、去黑头等。

按功能分拆，最典型的当属宝洁公司，它将旗下的洗护产品根据功能细化，海飞丝主攻去屑，潘婷强调对受损发质的修护，而飘柔则擅长对头发进行日常护理。

按年龄层分析，奶粉行业在这方面做得非常细致。因为不同生长期的宝宝对于营养的需求有所不同，所以，针对不同阶段宝宝的需求，生产者会在奶粉成分的添加上稍有侧重。目前市场上的奶粉分段根据宝宝的年龄区间主要分为：

1段奶粉：适用于0~6月婴儿。

2段奶粉：适用于6~12月较大婴儿。

3段奶粉：适用于12~36月幼儿。

4段奶粉：适用于36~72月学龄前儿童。

按使用群体分拆，如某运动鞋、服装将其产品分为校园、休闲系列，起到了很好的市场定位作用。

产品是卖给消费者的,消费者有不同的需求,就要对产品进行分拆;公司是卖给股东的,股东可能是人才、投资者、渠道商、顾客、员工,也要对公司进行分拆。

2. 业务分拆

从某种意义上来说,公司也是可以分拆的。因为公司面对的人群非常多,如投资者、渠道商、顾客、员工等,而不同的人群有不同的需要,因此公司可以从业务层面进行分拆。一般公司的业务可以分拆成六个方面:生产业务、流通业务、销售业务、研发业务、服务业务和资本业务。

以一家餐厅为例:

厨房 = 生产业务

采购 = 流通业务

大堂接待 = 销售业务

培训员工、策划广告 = 服务业务

试吃新菜 = 研发业务

餐厅投资 = 资本业务

通过业务分拆,可以把餐饮公司分拆成6家子公司,找到不同的人合作,公司也会越拆越大。

3. 资本分拆

资本可以分拆成所有权和经营权。

某连锁家居生活品牌之所以做到现在的规模,它的真正核心逻辑就是资本分拆,将所有权和经营权拆分得非常清楚。加盟该品牌的费用是15万元,同时交70万元的押金,作为采购该品牌产品的费用;再投资100万元,用于租店面、装修。共计投资185万元。

这家店的所有权是投资者的,但是经营权、品牌和销售的产品均来自该品牌。

门店产生的收益与该品牌按照比例分配,比如当天的收益是1万元,投资者占40%,该品牌占60%。所以该品牌虽然开了3 000多家店,但是一分钱都不用投资,还可以赚钱。

对于品牌方来说,一家门店每年的收入:

15万元加盟费+6 000元/天收益×365天=234万元

全国3 000家门店每年的收入:

234万元×3 000=70.2亿元

而且它可以用这70.2亿元,继续进行金融投资,比如为消费者提供分期付款收取一定利息,向企业贷款收取一定利息或向上游厂商贷款收取一定利息。

通过案例可以看出来,**分拆才是把公司做大的真正办法。**

通过分拆产品丰富企业的产业链

通过分拆业务融进更多的人才和资源

通过分拆资本实现企业现金流最大化

周导说盈利新三十六计之分拆计

第一计赚钱计就告诉企业家，决定企业命运的是现金流；最后一计分拆计告诉企业家，做大做强是通过分拆，这样才能有充足的现金流，否则通过传统的思路做大企业会承担很大的风险。通过分拆产品丰富企业的产业链，通过分拆业务融进更多的人才和资源，通过分拆资本实现企业现金流最大化。

三十六计第三十六思

分拆企业的产品、业务和资本。

参考文献

[1] 胡华成. 白手起家开公司 [M]. 北京：电子工业出版有限公司, 2019.

[2] 叶茂中. 冲突 [M]. 北京：机械工业出版社, 2017.

[3] 黄天文. 引爆用户增长 [M]. 北京：机械工业出版社, 2017.

[4] 周导. 逆向盈利 [M]. 北京：中国商业出版社, 2019.

[5] 马化腾, 孟昭莉, 闫德利, 等. 数字经济 [M]. 北京：中国出版集团, 2017.

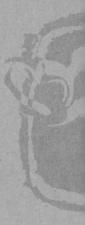

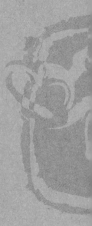

三十六村

三十八

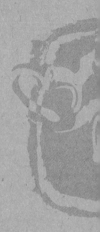

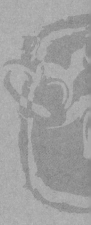

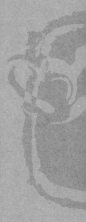

三十六

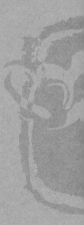

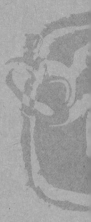

三十六计

一、胜战计

三六十册

卷三十六